潍坊市耕地质量
调查与评价

张西森　侯月玲　张晓丽　主　编

中国农业出版社
北　京

编 委 会

前 言

FOREWORD

　　土地是人类赖以生存和发展的最基本资源，是一切物质最基本的源泉。耕地是土地的精华，是珍贵而有限的自然资源，是粮食安全的重要保障和前提，更是国家食品安全、社会稳定和经济发展的基础。目前，耕地面积保障形势日益严峻，耕地不合理利用引起的水土流失、土壤退化等耕地质量问题依然存在。这些耕地质量问题如果得不到及时解决，不仅会威胁到国家粮食安全，还会影响到生态环境和人类生存条件，因此，非常有必要对耕地质量进行调查和评价，为耕地质量保护与提升提供技术支撑，为国家食品安全和人类生存提供保障。

　　耕地质量与农作物产量、品质及农业增效、农民增收密切相关，准确掌握耕地不同质量等级数量和空间分布，摸清耕地质量现状和发展潜力，可以有效保护耕地资源，提高耕地质量，促进产业结构调整和耕地资源合理有效利用，推进农业供给侧结构性改革，缓解资源环境压力，提升农产品质量安全水平。为此，在潍坊市范围内开展了耕地质量调查与分级评价工作。

　　调查和评价是在充分利用第二次全国土壤普查成果和测土配方施肥基础资料的基础上，按照土种优先，用地类型、种植作物、代表性、均匀性、布点与修正兼顾的原则，在全市均匀布点调查和采样分析。本次从布设的 2 万多个调查点位中，选取了 7 444 个代表点位参与评价，将参与评价的点位土壤样品进行化验，分析了土壤 pH、有机质、全氮、碱解氮、有效磷、缓效钾、速效钾、交换性钙、交换性镁、有效硫、有效铜、有效锌、有效铁、有效锰、有效硼、有效钼、有效硅及重金属等 22 个项目，共计化验 10 万多个项次。以调查和化验分析的基础信息为依据，按照《耕地质量等级》（GB/T 33469—2016）标准，结合当地实际情况，选取了对耕地质量影响较大，区域内变异明显，在时间序列上具有相对稳定性，与农业生产关系密切的灌溉能力、耕层质地、土体构型、地形部位、盐渍化、排水能力、有机质、有效磷、速效钾、酸碱度、有效土层厚度、土壤容重、地下水埋深、障碍因素、耕层厚度、农田林网、生物多样性、清洁程度18个因素作为耕地质量评价的参评指标，建立评价指标体系。以土壤图、耕地资源分布图、行政区划图叠加形成评价单元，应用模糊综合评判方法，并采用现代信息技术手段对潍坊市耕地地力、土壤健康状况和田间基础设施构成的满足农产品持续产出和质量安全的能力进行了全面分析评价，将潍坊市耕地质量进行精准分等定级，并按级进行了耕地基础地力状况、耕地土壤理化性状以及障碍因素分析，针对各级耕地提出了耕地资源合理配置建议、种植业结构调整规划及农业标准化生产建议，为制定粮食、蔬菜发展与农业结构调整、耕地质量保护提升、耕地改良利用以及节水农业、生态农业发展等规划提供科学依据，也为农业绿色发展提供决策依据。

利用耕地质量调查与评价工作获得的宝贵技术资料，建立了潍坊市耕地地力基础属性信息数据库、基础空间数据库，整理编绘了耕地资源分布图、地貌图、土壤图、耕地质量调查点点位图、灌溉分区图5种基础图件，土壤pH分布图，有机质、全氮、碱解氮、有效磷、缓效钾、速效钾、交换性钙、交换性镁、有效硫、有效铜、有效锌、有效铁、有效锰、有效硼、有效钼、有效硅含量分布图以及耕地质量评价等级图18个成果图件。

为了将调查与评价成果尽快应用于生产，以总结调查与评价成果为基础，借鉴第二次全国土壤普查和测土配方施肥的部分成果，编写了《潍坊市耕地质量调查与评价》一书。该书全面系统地阐述了潍坊市耕地资源类型、地力状况、环境质量、利用现状及耕地质量保护提升对策，可为农业转方式、调结构及农业绿色发展提供技术支持。

　　在潍坊市耕地质量等级调查评价工作中，山东省农业技术推广中心土肥部、山东农业大学资源与环境学院、山东圆正矿产科技有限公司的有关专家和潍坊市财政局、自然资源与规划局、统计局、气象局等都提供了支持和帮助，县市区土肥系统及乡镇农业科技人员在基本情况调查、土样采集和化验分析工作中付出了艰辛的劳动，在此一并表示衷心的感谢。

　　由于编者水平有限，加之时间仓促，书中难免有错误和纰漏之处，敬请广大读者批评指正。

编　者

2023 年 4 月

目 录
CONTENTS

前言

第一章 自然与农业生产概况 ·· 1

第一节 自然条件 ·· 1

第二节 农村经济与农业生产情况 ································· 7

第三节 农业基础设施情况 ··· 10

第二章 土壤与耕地资源状况 ·· 13

第一节 土壤类型及分布 ··· 13

第二节 土地利用状况 ·· 55

第三章 样品采集与分析 ··· 57

第一节 土壤样品的布点与采集 ······································ 57

第二节 土壤样品的制备 ··· 63

第三节 样品分析与质量控制 ·· 64

第四章 土壤理化性状及评价 ·· 67

第一节 土壤 pH 和有机质 ··· 67

第二节 土壤大量营养元素状况 ······································· 72

第三节 土壤中量营养元素状况 ······································· 85

第四节 土壤微量营养元素状况 ······································· 91

第五节 土壤养分变化趋势 ··· 106

第五章 耕地质量等级评价 ··· 109

第一节 耕地质量等级评价方法步骤 ··························· 109

第二节 耕地质量等级分析 ··· 117

第三节　耕地质量主要性状分析 ·· 127

第六章　耕地资源合理利用与改良 ·· 130

第一节　耕地资源的现状与特征 ·· 130

第二节　耕地改良措施与效果 ·· 132

第三节　耕地资源合理利用对策 ·· 136

第一章 自然与农业生产概况

耕地是重要的农业生产资料,是具有一定地力特点的自然资源。耕地资源对农业生产的发展,人类物质水平的提高,乃至对整个国民经济的发展都有着巨大的影响。耕地地力与质量是在多种自然条件共同作用下形成的,并在人类活动的影响下发生着深刻的变化,对农作物的产量、品质有着直接影响。对耕地质量进行科学的评价,具有重要的现实意义和深远的历史意义。

第一节 自然条件

一、地理位置与行政区划

潍坊市位于山东半岛中部泰沂山北麓,胶东半岛与鲁中腹地的过渡带,地跨北纬 $35°41'\sim37°26'$,东经 $118°10'\sim120°01'$。南靠临沂、日照,北临渤海,东与青岛、烟台相邻,西与淄博、东营接壤。辖奎文、潍城、坊子、寒亭 4 区,青州、诸城、寿光、安丘、昌邑、高密 6 市(县级),昌乐、临朐 2 县。设有国家级高新技术产业开发区、滨海经济技术开发区、峡山生态经济发展区、综合保税区、经济技术开发区 5 个市属开发区。陆地面积 1.61 万 km^2,常住人口 927.72 万人。

二、气候条件

潍坊地处北温带季风区,背陆面海,属暖温带季风型半湿润性气候。四季特点为:冬冷夏热,四季分明;春季风多雨少;夏季炎热多雨,温高湿大;秋季天高气爽,晚秋多干旱;冬季干冷,寒风频吹。

1. 日照 2021 年全年日照时数为 2 389.6h,一年中实际日照时数平均以 5 月最多,为 261.6h。山区受山峰遮光影响,实际日照时数减少。

2. 气温 2021 年潍坊市年平均气温 14.6℃;极端最高气温 38.6℃,2021 年 6 月 7 日出现在诸城;极端最低气温 −19.2℃,2021 年 1 月 7 日出现在昌乐。1 月平均气温在 −2.0(安丘)~−1.0℃(诸城、高密、临朐)之间,7 月平均气温在 25.6(诸城)~27.9℃(寿光)之间。

三、地形地貌

潍坊市地处山东半岛中部,地势南高北低,南部是山地丘陵,中部为平原,北部是沿海滩涂。

潍坊市市域地貌自北向南，由低到高，形成几个台阶。大体分为潍北滨海低地、洼地、潍中平原、山地丘陵4个地貌区及14个地貌类型（表1-1），潍北滨海低地、洼地、潍中平原、山地丘陵面积分别占总面积的13.88％、8.33％、36.77％和41.02％。

表1-1　潍坊市地貌类型

地貌类型	项目	面积			分布	成因	特征
		数量 (hm²)	占总土地面积 (%)	占本区面积 (%)			
滨海低地	海滩地	40 652.20	2.52	18.14	海拔2.5m下	海积	与海岸成带状分布，低平向海倾斜，多数高潮淹没，质地多为砂壤质，地下水矿化度高，多形成滩地盐土
	低平地	103 386.67	6.40	46.14	2.5～5m间	海积和河相沉积迭次覆盖而成	滩地以上部位，多已不受海潮影响，地下水位较高，矿化度较高，多形成滨海潮盐土
	缓平低地	80 025.87	4.96	35.72	5～7m间	海相沉积和河流冲积迭次覆盖而成	是本区地形较高部位，低平倾斜，地下水矿化度＜10g/L，多形成盐化潮土
洼地	浅平洼地	88 624.67	5.49	65.90	胶莱河西及南部寒亭南孙	湖沼相沉积	海拔高度一般低于20m。地势低洼，排水不畅，多垦为台、条田，已为粮棉高产田
	碟形洼地	45 860.07	2.84	34.10	寿光牛头洼等	湖沼相沉积	海拔高度7～10m，中间凹，成碟形，地势低洼，排水不畅，大多垦为农田
潍中平原	河滩地	108 817.07	6.74	18.33	河流两侧	冲积	坡降多在1/1 000，沿河成带状分布，地势较高，多形成脱潮土
	平地	49 758.20	3.08	8.38	昌邑境内，潍河下游西岸广阔平地	冲积	平坦，坡降小，一般在1/1 500以下，地下水丰富，为井灌区，多形成潮土
	缓平坡地	174 306.60	10.80	29.37	胶济铁路两侧	坡、洪、冲积	位于山丘和平原过渡地带，地势较平，坡降1/500左右，多形成褐土和潮褐土
	微斜平地	260 676.40	16.15	43.92	胶济铁路两侧平原	洪、冲积	地势倾斜，较平坦，坡降1/1 000～1/500，地下水丰富，多形成潮土和潮褐土
山地丘陵	谷地	84 643.24	5.24	12.78	山丘间缓流两侧	坡洪积	谷面不宽，呈阶梯状，多为梯田
	山间平地	158 463.05	9.82	23.93	山丘间开阔平地	坡洪积	开阔，地面起伏不大，土层深厚，主要为农田

（续）

地貌类型	项目	面积			分布	成因	特征
		数量（hm²）	占总土地面积（%）	占本区面积（%）			
	台地	71 201.35	4.41	10.75	山丘边缘	台升、剥蚀侵蚀	台面平坦，边界明显，切割轻，梯田
山地丘陵	高丘	123 190.74	7.63	18.60	海拔<500m散布	断块台升、积压、皱褶、剥蚀侵蚀	分砂石丘陵和青石丘陵，砂石丘陵主要在南部和西南，沟谷切割密度大，切割厚度小，地形起伏不大，形状浑圆。青石丘陵分布在西部和西南部，为崮顶残体，沟谷切割密度小。梯田及坡地
	低山	209 115.52	12.95	31.58	南部和西南部，500～1 000m	断块台升、积压、皱褶、剥蚀侵蚀	砂石低山，脉路明显，山岭平缓，山形多成弯状，沟谷开敞，呈凹形。青石山山顶平缓，山坡陡峭，沟谷切割深，呈V形。山坡及梯田
	中山	15 592.40	0.97	2.35	沂山	隆起	岩层花岗岩和片麻岩，为本市制高点

1. 潍北滨海低地 该区北临莱州湾，南以咸淡水线为界，是由海相沉积物和河流冲积物叠次覆盖而成，地势低平，主要由海滩、低平地和缓平低地3种地貌类型组成。海滩分布在高潮线以下，海拔高度在2.5m以下，为近代海沉积而成，常为高潮淹没，主要分布滨海滩地盐土。低平地，海拔高度为2.5～5m之间，为海相沉积而成，出露较早，多不受海潮侵袭，地面常有盐生植被。主要分布滨海潮盐土，并为盐田主要分布地。缓平低地，海拔高度在5～7m，地面多覆盖近代河流冲积物，主要分布有盐化潮土。该区全市面积224 064.7hm²，占全市总面积的13.88%。

2. 洼地 该区是长期以来经河流冲积、静水沉积而形成，海拔高度一般在5～10m之间。区内土壤质地黏重，主要分布着砂姜黑土和湿潮土。按其类型可分为浅平洼地和碟形洼地两个地貌类型，面积134 484.7hm²，占全市总面积的8.33%。

3. 潍中平原 主要分布在市辖域中部及东部，地势由南向北倾斜，海拔7～100m。由河滩地、平地、缓平坡地和微斜平地4种地貌组成。主要由洪积和河流冲积而成，堆积厚度达几十米至几百米。区内的河网密度较大，较大的河流有弥河、白浪河、潍河、胶莱河，其他多系支流，发源于南部山地丘陵区，贯穿本区向北流入渤海。雨季来时，山洪暴发，上游水流湍急，携带大量泥沙而下，至区内河床变宽，水流减缓，泥沙沉积，堆积于沟谷之外的山麓地带及河流两岸，逐渐形成广阔的洪、冲积平原。区内地面平坦，土层深厚，土壤肥力较高，地下水丰富，是潍坊市主要粮棉及蔬菜生产基地，也是全市潮土、潮棕壤、潮褐土、褐土及淋溶褐土的主要分布区。全市面积为593 558.3hm²，占全市总面积的 36.77%。

4. 南部山地丘陵 潍南低山丘陵分布于市域的西南及南部,从南向北逐渐变低,一直延伸至胶济铁路南侧,海拔 100m 以上。以沂沭断裂带为界,归属两个脉系,西部为泰山山脉的鲁山和沂山北麓,分布在临朐、青州和昌乐南部及安丘市的中南部,最高点在临朐县南部的沂山玉皇顶,海拔 1 032m。地层带属于太古界泰山群的老变质岩系,由于受高级区域变质作用,大部分遭受了强烈的混合岩及花岗岩岩化过程,形成了多种混合岩和混合花岗岩。东部属崂山山脉的余脉,主要分布在诸城市。山丘自东北向西南延伸,主要岩性为片麻岩、粒岩及砂页岩等。山地丘陵地貌为谷地、山间平地、台地、高丘、低山和中山 6 个地貌类型,为棕壤和棕壤性土,褐土和褐土性土的集中分布区。全市面积为 662 206.3hm²,占全市总面积的 41.02%。

四、岩石类型与成土母质

(一) 岩石类型

潍坊市境内地质复杂,各时期岩层均有分布,母岩分布也较复杂。主要的岩石类型有:花岗岩、片麻岩、粒岩、安山岩、火山岩、玄武岩、非石灰性砂页岩、石灰岩等类型。

花岗岩主要分布在临朐,构成了较大山体的沂山;片麻岩、粒岩主要分布在诸城、昌乐等地,由于岩石变质古老,易于风化剥蚀,多形成平缓岗岭或缓丘;安山岩、非石灰性砂页岩主要分布在诸城市,以白垩系王氏级杂色砂页岩及青山组的部分安山质凝灰砂岩为主,易于风化剥蚀,多形成浑圆形丘陵及平岗岭,主要形成棕壤;火山岩、玄武岩主要分布在安丘、昌乐、临朐等地,其风化物为棕壤和淋溶褐土的成土母质;石灰岩集中分布在青州、临朐一带,其他地方也有零星分布,其风化物主要形成褐土。

各类岩石的化学组成差异极大,形成了类型复杂、性质各异的成土母质,在当地的生物气候条件下,形成了类型繁多的土壤类型。

(二) 成土母质

母质是形成土壤的物质基础,母质的性质对土壤的形成和性质起到积极的作用。潍坊市成土母质种类繁多,母质种类和性质与母岩性质关系密切,成土母质可分为以下几种类型。

1. 残—坡积物 残—坡积物广泛分布于山地和丘陵,主要是岩浆和沉积岩风化物,厚度一般较薄,颗粒较粗,含有较多砾石,主要在棕壤和褐土分布区存在。根据母岩的性质不同,残—坡积物可分为酸性岩、基性岩、非石灰性砂页岩和钙质岩残—坡积物四类。

酸性岩残—坡积物:主要由花岗岩、片麻岩等风化形成,分布在诸城、临朐、安丘、昌乐及坊子等地。此类风化物中二氧化硅含量很高,而氧化钙含量极低。由片麻岩形成的酸性岩残—坡积物,土层以下多有棕红色或棕黄色状如腐烂豆饼的半风化物,在本市多形成棕壤性土。

基性岩残—坡积物:主要由玄武岩、安山岩等风化形成,分布较零散,分布在昌乐、安丘、诸城等地。此类风化物中二氧化硅含量比酸性岩残—坡积物显著减少,多呈中性反应。基性岩残—岩坡积物在淋溶强度大的棕壤区,多形成棕壤性土,而在褐土区多形成褐土性土。

非石灰性砂页岩残—坡积物：由非钙质的砂页岩和部分砾岩风化物组成，主要分布在诸城，其风化物中以 SiO_2 为主，CaO 的含量极低，并有较高的 Fe、Al 氧化物，呈酸性反应，多形成棕壤性土。

钙质岩残—坡积物：主要是由石灰岩及部分钙质砂页岩等碳酸盐母岩的风化物组成，主要分布在青州、临朐，其次在昌乐、安丘等也有分布。钙质岩风化物中 CaO 的含量显著高于 SiO_2 的含量，Fe、Al 等氧化物的含量低微，CaO 主要以碳酸盐的形式存在，呈碱性反应，一般形成褐土性土。

2. 坡—洪积物　坡—洪积物分布较广泛，分布于全市各县市区，主要分布于山麓的缓坡地段、洪积扇及沟谷高阶地。土层较厚，多大于 1.5m；部分坡地厚度不足 60cm。坡—洪积物多数直接受山体岩性影响，根据来源不同，可分为酸性岩、基性岩、非石灰砂页岩、钙质岩和厚层坡—洪积物五类。

酸性岩坡—洪积物和非石灰砂页岩坡—洪积物：酸性岩坡—洪积物多分布在山地丘陵下部及洪积扇上部，酸性岩坡—洪积物以昌乐、临朐分布面积较大。而非石灰砂页岩坡—洪积物主要在诸城，呈棕色，多为轻壤—中壤土，部分为砂壤，呈酸性或微酸性反应，无石灰性，为棕壤亚类的主要成土母质。

基性岩坡—洪积物：主要分布在昌乐、安丘、临朐等县市，分布零星，面积小，多为轻壤—中壤土，呈中性反应，一般无石灰性或弱石灰性，在当地生物气候条件下，多形成淋溶褐土，部分形成棕壤。

钙质岩坡—洪积物：主要分布在青州、临朐等县市，为石灰岩和部分钙质砂页岩的厚层坡—洪积物，棕色或褐色，质地多为中壤土，多含有较多的游离石灰，呈中性至碱性反应，为褐土亚类和淋溶褐土的主要成土母质。

厚层坡—洪积物：多分布在岩性复杂的山间盆地和山麓地带，在胶济铁路南北广泛分布。厚层坡—洪积物是本市褐土的主要成土母质之一，由于类型比较复杂，石灰含量差异较大，对褐土形成中钙化作用的强弱影响极为明显。含石灰量高的厚层坡—洪积物多形成褐土亚类，而含石灰量低的多形成淋溶褐土。

3. 洪—冲积物　分布在山前洪积扇中下部，潍坊市境内河流较密，往往使洪积物和河流冲积物迭次沉积，形成面积较为广阔的洪—冲积平原。主要分布在诸城、安丘和临朐以北地带，地形平坦、开阔，土体深厚，地下水埋深较浅，近几年来由于干旱和开发提灌，水位下降幅度较大。洪—冲积物因来源不同，大体可分为两大类：一类为酸性岩和非石灰性砂页岩区的非钙质厚层洪—冲积物，主要分布在诸城、安丘、昌乐和高密等县市，多为中壤土，呈中性至酸性反应，多为潮棕壤的成土母质，在北部多形成非石灰性潮褐土；另一类是钙质岩区和富钙质的洪冲积物，主要在潍河以西胶济铁路以北，多为轻壤—中壤土，有较强的石灰性，呈中性至碱性反应，pH>7，为潮褐土的主要成土母质。

4. 河流冲积物　主要分布于境内沿河冲积平原，地势平坦，土层深厚，河相冲积沉积层理明显。由于冲积物来源不同，可分为两大类：一类为无石灰性冲积物，来源于酸性母岩和非石灰性砂页岩母岩的山地丘陵区，无石灰性，多呈微酸性或中性反应，主要分布在潍河水系流域的诸城、安丘、昌邑，其次是高密东部的胶河沿岸，为无石灰河潮土的主要成土母质；另一类为石灰性冲积物，物质来源主要是上游的钙质岩（石灰岩）山地丘陵区，或流经富钙母质区，有不同程度的石灰性，多呈中性至碱性反应，主要分布在弥河水系的寿光、临朐和白浪河下游的寒亭区境内，为石灰性河潮土的主要成土母质。

5. 湖沼相沉积物 位于排水不畅的洼地，主要在高密的北部、昌邑东部的胶莱洼地、寿光和青州交界的交接洼地，其他县市区的封闭洼地也有零星分布。由于静水沉积作用，质地较黏，多为中壤土—重壤土，部分为黏土，黏粒含量较高，呈中性至碱性反应，pH 7~8。此类沉积物多形成砂姜黑土和湿潮土。

6. 海相沉积物 分布在北部莱州湾的滨海地带，为河流入海沉积物，长期受海水浸渍，后出露成陆地所形成，多为砂壤土。由于经常受海水浸渍，含盐量高，多发育形成滨海潮盐土和滩地盐土。

7. 黄土母质 主要分布在昌邑、寒亭、潍城等市区的土埠岭，在青州也有零星分布。为风积而成，质地较轻，多为砂壤—轻壤，含石灰量高，形成石灰性褐土。

五、水源

1. 水源 潍坊市现有流域面积 50km² 以上河流 102 条，100km² 以上河流 63 条，1 000km² 以上河流 12 条。主要有潍河、弥河、白浪河、胶莱河和小清河五大水系及其中小水系，还有遍布全市的水源工程。

2. 地下水的区域分布及与土壤的关系 地下水的埋藏深度和水质可直接影响土壤的形成。山地丘陵区地下水埋藏较深，多在 10m 以下，对土壤形成的影响不大。在山麓平原地区，由于地势相对较高，有一定的坡度，地下径流畅通，地下水埋藏较深，常年多在 5~7m 以下，甚至更深，水质较好，矿化度较低，多在 0.5g/L 以下，土壤不直接受地下水影响。在本市多形成地带性土壤——棕壤和褐土。在山间谷地洪积扇下缘的开阔平原区，地下水埋深多在 3~5m，矿化度也小，地下水可影响土壤的形成，但影响比较弱，往往形成潮棕壤和潮褐土。在沿河冲积平原，地下水埋深多在 2m 上下，矿化度多在 1g/L 左右，地下水直接参与土壤的形成过程，多形成潮土。在全市的洼地，地下水埋藏较浅，除潮化过程外，往往有潜育化过程，多形成湿潮土或砂姜黑土。而在潮土区的局部较高部位，地下水埋深稍深，且排水良好，在潮化过程的同时又发生褐土化过程，为脱潮土分布地。在滨海低平地，地下水埋深较浅，多在 1.5~3m 之间，水质为咸水，矿化度较高，多在 2~10g/L，形成盐化潮土。在滩涂和近海低平地，地下水埋深浅，多小于 1m，矿化度极高，多在 30~50g/L，高的达到 100g/L 以上，形成滨海潮盐土。

六、植被

潍坊市地处暖温带，气候温和，地形复杂，植物资源丰富。有木本植物 243 种，分属 58 科。本市境内可分为 3 个植被区：山地丘陵区、平原河谷区和北部滨海低平地、滩涂区。

1. 山地丘陵区 以落叶、阔叶林木为主，分布在临朐及诸城、青州、安丘、昌乐南部等县市的山地丘陵。植被是森林—灌草丛类，上层乔木林主要是刺槐林、落叶栎等。在棕壤区有一定比重的针叶林，主要是油松林，其次是落叶松、赤松和少数侧柏等。在山麓和沟谷中，可见大量的杨柳科及胡桃科阔叶林，由于生长环境良好，长势较好。

2. 平原河谷区 是以农田林网和沿河丰产林组成的防护林网，主要以粮食作物、蔬菜、果树等经济作物为主的栽培植物生长。林木主要为人工栽植的杨树、刺槐等，野生杂草主要是草原草甸植物，在洼地也有湿生植物，生长茂盛，生物积累作用明显。

3. 北部滨海低平地、滩涂区　多生长耐盐碱的落叶、阔叶林类，集中分布在寿光、寒亭、昌邑3市（区）北部。由于地下水位浅，含盐量高，植物种类少。乔木主要有刺槐、杨树、枣树等；灌木主要有紫穗槐、柽柳等；草本植物主要有黄须菜、黑蒿、碱蓬、茅草、芦苇等。

第二节　农村经济与农业生产情况

一、农村经济状况

2020年全市实现生产总值（GDP）5 872.2亿元，按可比价格计算，比上年增长3.6%。其中，第一产业实现增加值535.6亿元，增长2.4%；第二产业实现增加值2 308.1亿元，增长3.9%；第三产业实现增加值3 028.4亿元，增长3.5%。三次产业结构由上年的9.1∶40.3∶50.6调整为9.1∶39.3∶51.6。

近年来，潍坊市委、市政府全面落实国家惠农政策，加大农业投入和政策扶持力度，农民生产积极性不断提高，农业生产运行良好，粮食连年增产。2020年农作物播种面积959 523.6hm²，其中粮食播种面积669 341.4hm²，蔬菜播种面积195 535.0hm²，花生播种面积39 299.8hm²，棉花播种面积5 106.9hm²，果园面积34 234.3hm²，烤烟播种面积6 399.1hm²（表1-2）。实现粮食作物总产量424.8万t，蔬菜总产量1 251.4万t，园林水果总产量92.0万t。

据统计，2020年，全市农林牧渔业总产值1 038亿元，增速3.0%，占全省1/10。其中，农业生产总值为540.24亿元，畜牧、蔬菜、农机3个产业链产值超千亿。2020年，全市农村居民人均可支配收入21 651元，增长6.3%，连续两年高于城镇居民收入增速，城乡居民收入比缩小到1.99∶1，小于全省（2.33∶1）、全国（2.56∶1）。

表1-2　农业生产现状

农作物		播种面积（hm²）	单产（kg/hm²）	总产量（t）	农作物	播种面积（hm²）	单产（kg/hm²）	总产量（t）
粮食作物		669 341.4	6 346.5	4 248 006.5	瓜果类	40 308.7	57 450.8	2 315 767.5
其中	小麦	315 006.4	6 382.0	2 010 371.7	西瓜	25 036.8	57 525.9	1 440 263.7
	玉米	333 910.8	6 394.7	2 134 930.5	蔬菜	195 535.0	64 000.8	12 514 402.3
	谷子	6 706.7	3 666.5	24 590.4	大豆	5 200.0	3 338.8	17 362.0
	高粱	814.8	3 489.1	2 843.1	薯类	6 345.8	7 630.3	48 420.4
	其他	118.7	2 991.2	354.9	桃	11 707.07	26 510.7	310 363.33
花生		39 299.8	4 837.2	190 100.2	苹果	5 461.3	36 372.3	198 641.0
油菜籽		13.9	2 767.4	38.5	梨	1347.5	33 715.1	45 430.1
棉花		5 106.9	1 185.2	6 052.4	葡萄	2 700.0	33 104.6	89 382.5
烤烟		6 399.1	2 718.8	17 397.9	茶	784.1	1 480.8	1 161.1

二、农业生产现状

（一）粮食生产

潍坊市的粮食生产连续多年增产。2020年，全年粮食播种面积67万hm²，比上年下降1.2%。其中，小麦播种面积31.5万hm²，玉米播种面积33.4万hm²，粮食总产量425万t，增长0.9%，粮食单产6 343.5kg/hm²，增长2.2%。棉花产量6 052t，增长10.6%；油料产量19万t，增长2.5%；烤烟产量1.7万t，增长17.6%；蔬菜产量1 251.4万t，增长2.6%；水果产量92万t，增长1.9%。近几年，随着国家粮食产业工程项目的实施、惠农政策的落实及耕地基础地力的提高，小麦、玉米等粮食作物播种面积及单产稳中有升。

（二）蔬菜生产

2020年潍坊市蔬菜（含食用菌）播种面积19.6万hm²，总产量1 251.4万t，产值283.4亿元，分别比2019年降低1.27%、增长2.57%、增长6.54%。设施蔬菜面积10.4万hm²，总产量742.8万t，分别比2019年增长12.1%和16.7%。

目前，潍坊市蔬菜生产已由原来的城郊型为主变为大基地为主，主要以寿光市、青州市、昌乐县为中心的日光温室生产区和以昌乐县、青州市、寿光市、安丘市、诸城市为中心的大拱棚生产区，形成了茄果类、瓜类、葱姜蒜类等大宗蔬菜作物为主导产业的种植聚集区。

同时，加大蔬菜产品公共区域品牌和产品品牌的培育创建力度，截至2020年年底，全市蔬菜三品一标数量达到600多个，全市拥有国家地理标志产品蔬菜类12个，昌邑大姜、昌乐西瓜、寿光桂河芹菜入选全国知名农产品区域公用品牌，昌乐西瓜被评为全国名特优新农产品，品牌价值达到41.61亿元，位居全国西瓜品牌价值第一名，昌邑生姜、寿光蔬菜、昌乐西瓜被评为中国特色农产品优势区。建设了国家级农产品产地批发市场寿光果菜批发市场、山东宏大生姜批发市场等6个农业农村部定点市场。

（三）果品生产

2020年潍坊市瓜果类面积4.0万hm²，总产量231.5万t。其中西瓜面积2.5万hm²，总产144.0万t；甜瓜面积0.7万hm²，总产34.5万t；草莓面积0.3万hm²，总产10.1万t；其他瓜类面积0.5万hm²，总产42.8万t。

2020年全市果园面积3.4万hm²，主要为桃园1.2万hm²、苹果园0.5万hm²、梨园0.1万hm²、葡萄园0.3万hm²等。2020年，全市园林水果产量为920 464.56t，茶叶产量1 161.12t。

（四）食用菌生产

2020年，全市食用菌产量为6.14万t，产值5.85亿元。全市主产品种有平菇、黑木耳、金针菇等。其中，平菇年产量达2.3万t，产值1.5亿元；黑木耳年产量达2.8万t，产值3.4亿元；金针菇年产量达0.9万t，产值0.7亿元。全市食用菌过万吨的主产县是诸城市、寿光市。

（五）畜牧业生产

畜牧业生产持续恢复。2020年年末全市生猪存栏327.8万头，牛存栏16.3万头，羊存栏 58.9 万只，家禽存栏 1.2 亿只。全年生猪出栏 407.6 万头，牛出栏 11.2 万头，羊出栏 101.9 万只，家禽出栏 5.3 亿只。肉类总产量 115.1 万 t，禽蛋产量 35 万 t，牛奶产量 17.3 万 t。肉蛋奶总产量 167.37 万 t，占全省的 11.6%。

三、发展优势与潜力

潍坊市农业生产在资源、区位、生产条件、市场前景等方面优势明显、潜力巨大。

（一） 自然资源环境条件良好

潍坊市地处暖温带半湿润季风气候区，气候温和，四季分明，光热资源充足。有潍河、弥河、白浪河、胶莱河 4 条大河，还有 100 多条支流水系。自南至北主要分布着棕壤、褐土、潮土、砂姜黑土和盐土五大土类、15 个亚类、34 个土属、106 个土种。棕壤土类主要分布的南部山丘地带，占土壤面积的 22.22%，适宜种植喜酸嫌钙植物。褐土主要分布在市域中南部，占 40.70%，适宜喜钙嫌酸等植物的生长。潮土主要分布在市域中北部，占 23.30%，其中脱潮土是粮、菜高产土壤，湿潮土适宜种植小麦、大豆、棉花等。砂姜黑土主要分布在胶莱河流域及其他低洼地区，占 10.47%。盐土主要分布在北部滨海地带，占 3.32%。潍坊市土壤肥沃，生态环境较好，发展优质高效特色农业有着得天独厚的条件。

（二） 政策支持力度大

潍坊市农业产业化水平较高，是国家优质粮食生产基地、全国重要的农产品生产和加工基地、全国蔬菜之乡。在今后的发展中，农业生产将会得到国家更多的政策倾斜支持。特别是中央对建设社会主义新农村采取"城市支持农村，工业反哺农业"，"多予、少取、放活"等政策和国家对"菜篮子"、"米袋子"工程的高度重视，以及潍坊市农业产业结构调整确定的特色农业、有机农业的定位，对发展现代农业创造了良好的政策基础。

（三） 农业产业化基础扎实

潍坊是农业产业化的发源地，农业产业化模式不断创新，内涵不断丰富，在发展农村经济、增加农民收入、培养造就新型农民等方面发挥着越来越重要的作用。潍坊市把农业产业化作为推动农村经济转型升级的突破口来抓，按照"以工促农、以城带乡、城乡互动、协调发展"的思路，着力在发展农业龙头企业、创新产业化发展模式、夯实产业化基础等方面狠下功夫，走农产品加工增值带动农民致富的路子，促进了城乡经济一体化的发展。

（四） 区位优势明显

潍坊资源优势得天独厚，发展空间无限广阔，是"山东半岛蓝色经济区"和"黄河三角洲高效生态经济区"两大国家战略项目区，成为中国区域协调发展战略的重要组成部分，发展时遇千载难逢。潍坊地理位置优越，交通便利，是胶东半岛的交通枢纽。市域有济青、青银、荣乌、潍莱、长深 5 条公路构成的陆路高速网络；胶济铁路、大莱龙铁路横穿东西；有飞往北京、上海等地的飞机场，距青岛国际机场 150km，距济南国际机场 180km；潍坊港现有 2 万 t 码头 3 个，5 万 t 级航道和 5 万 t 级液化品泊位。

第三节　农业基础设施情况

一、农田水利建设

（一）水利工程

1. 地下水资源　地下水资源量即为地下水天然补给量，包括降雨入渗补给量、地表水补给量等。潍坊市地下水贫乏，南部是山区丘陵，北部是沿海滩涂。市境内地下水资源为 13.95 亿 m³。地下水资源对潍坊市的农业发展起着举足轻重的作用。

2. 水源工程　由于潍坊市以地下水和地表水为主要水源，因此现状水源工程主要有大中小型水库、塘坝、泵站、机井、水池（窖）等。

（1）水库　潍坊市主要有潍河、弥河、白浪河、小清河、胶莱河五大地表水系，受季风性气候和地形条件的影响，上述河流均为季风区雨原型河流，大都源短流急，雨季流量大，枯季流量小甚至干枯。为了有效利用汛期来水，全市建成大中小型水库 617 座，总库容 35.97 亿 m³，其中：大型水库 6 座，总库容 25.52 亿 m³，中型水库 23 座，总库容 6.65 亿 m³，小型水库 588 座，总库容 3.19 亿 m³，可供农业灌溉用水量为 4.02 亿 m³。目前，潍坊市大中型水库以生活和工业供水为主，小型水库以农业供水为主，兼顾生活和工业供水。

大型水库有峡山水库、牟山水库、高崖水库、白浪河水库、冶源水库、墙夼水库。峡山水库位于潍河中游，控制流域面积 4 210km²；牟山水库位于高崖水库下游，控制流域面积 907km²；高崖水库位于潍河支流汶河上游，控制流域面积 355km²；白浪河水库控制流域面积 353km²；冶源水库位于弥河上游，控制流域面积 786km²；墙夼水库位于诸城市积沟镇，控制流域面积 211.4km²。

（2）塘坝　潍坊市现有塘坝分布于南部低山丘陵区，共计 4 707 座。

（3）泵站　全市现有泵站 1 518 座。

（4）机井　潍坊市 59.2% 的水源由地下水供给，其中机井是地下水开采的主要形式。据统计，全市现共有灌溉机电井 171 551 眼。

（5）水池（窖）　全市现有水窖（池）4 187 处，是南部山区抗旱保苗的主要水源形式。

（二）灌溉

1. 井灌　井灌是潍坊市主要灌溉形式，机电井广泛分布于中部灌溉区，包括高密、潍城、奎文和诸城、安丘、昌乐等县市的北部，昌邑、寿光、寒亭等市区的南部，全市有效灌溉面积 546 570hm²。

2. 节水灌溉　紧紧围绕节水灌溉和水肥一体化的工作重点和主要任务，创新工作思路，积极探索适合潍坊农业生产现状的发展模式。一是加快推进农业节水灌溉工程建设。全面推广管道灌溉、喷灌、微灌等高效节水灌溉技术，逐步建立从水源、输水、配水到灌水全过程高效节水，为农作物精准化灌溉创造条件。二是加快水肥一体化工程建设。优先在设施农业比较发达的规模化作物种植区推广水肥一体化技术，建设蔬菜、果树、花卉及苗木等高效经济作物节水灌溉和水肥一体化示范区。三是加快推广农艺节水技术。因地因水选择种植作物，严格限制种植高耗水农作物，鼓励种植耗水少、附加值高的农作物，建立作物生育时期与天然降水相匹配的农业种植结构与种植制度。四是加快建立农业节水灌溉管理信息网络。推进大数据、云计算、移动互联网等现代信息技术应用，加快建立农业节水灌溉管理信息网络，提高灌溉和施肥自动化控制技术水平，实现了农业灌溉施肥智能化远程管理。在昌乐建设了智慧灌溉综合信息化系统，对高效节水灌溉、水肥一体化、农业水价改革等实现了信息化管理；在寿光蔬菜产业集团现代农业示范园，建设了 2 万 m^2 的智能全自动水肥一体化设施，通过建立的智慧网络、示范和展示物联网设备、节水灌溉技术进行灌溉、施肥、用药，平均每亩① 节约化肥 500 元、农药 100 元、电费 60 元、劳动力费用 2 250 元。

截至 2020 年年底，全市农田有效灌溉面积 53 万 hm^2，占全市总耕地面积的 75% 左右；节水灌溉面积达到 40 万 hm^2；2017—2021 年全市新增水肥一体化技术推广面积 7.42 万 hm^2，农田灌溉用水总量和化肥使用量逐年减少，基本建成工程节水、管理服务、农艺措施、政策支撑相协调、水肥利用效率提高与装备产业发展相促进的节水灌溉体系。

二、农业生产机械

在国家农机购置补贴政策的激励下，大型农业机械快速增长，农业机械化水平稳步提升。2020 年全市农业机械服务组织 3 654 个，农机户 46.5 万户，农业机械总动力 1 048.5 万 kW，比上年增长 2.7%。全年耕种收综合机械化水平 92.4%。

联合收获机达到 27 142 台，其中玉米联合收获机达到 12 723 台。农用大中型拖拉机 45 440 台，小型拖拉机 132 755 台。机播面积 88.0 万 hm^2，占总播种面积的 91.7%；机收面积 82.8 万 hm^2，占总播种面积的 86.3%。详见表 1 - 3。

表 1 - 3　农业生产机械一览表

	单　位	2020 年
农业机械总动力	万 kW	1 048.5
柴油发动机动力	万 kW	739.9
汽油发动机动力	万 kW	22.6
电动机动力	万 kW	285.9
拖拉机	台	178 195
♯大中型	台	45 440
小型	台	132 755
拖拉机配套农具	部	284 010
排灌动力机械	台	348 858
联合收获机	台	27 142
机耕面积	khm^2	594.0

---

① 亩为非法定计量单位，1 亩＝1/15hm^2≈667m^2。——编者注

（续）

	单 位	2020 年
机播面积	khm²	880.4
机电灌溉面积	khm²	676.3
机械植保面积	khm²	615.0
机收面积	khm²	828.1
机械铺膜面积	khm²	91.6

第二章　土壤与耕地资源状况

第一节　土壤类型及分布

一、土壤分类的原则和依据

土壤分类是土壤科学的高度概括，为了对种类繁多的土壤进行深入研究，综合考虑自然和社会的成土条件、成土过程及其综合属性，是土壤分类的基本原则和依据。不仅要反映土壤的系统性和严密性，更要反映其生产特性和它的发生发展规律以及改良利用的特点。

潍坊市自 1979 至 1987 年进行了全国第二次土壤普查。根据《全国第二次土壤普查暂行技术规程》和山东省《土壤普查工作分类暂行方案》的要求及省第二次土壤普查汇总时土类的再划分，采用土壤发生学分类的原则和土类、亚类、土属和土种 4 级分类制，将全市土壤划分为 5 个土类、15 个亚类、34 个土属、106 个土种。

（一）土类

土类是土壤高级分类的基本分类单元，它是在一定的自然条件和人为因素的作用下，经过一个主导或几个相结合的成土过程。根据土壤形成过程、发育方向、发育阶段以及剖面结构的不同，土类间的土壤属性在性质上存在明显的差异。本市共划分了棕壤、褐土、砂姜黑土、潮土和盐土 5 个土类。

（二）亚类

亚类是土类的辅助级别和续分。主要依据主导成土过程的不同发育阶段或附加成土过程的特征，使土壤属性有较大差异，划分出亚类。如棕壤土类的形成过程，附加了潮土化过程，可区分棕壤亚类和潮棕壤亚类；褐土续分出褐土、石灰性褐土、潮褐土、淋溶褐土和褐土性土等亚类。

（三）土属

在土壤发生学分类上，土属具有承上启下的特点。它既是亚类的续分，又是土种的归纳。其划分依据主要是根据母岩母质的成因类型、属性和岩性及地形等地域性因素。同一土属，其成土母质组成成分的属性及发育特点基本一致。

（四）土种

土种是基层分类的基本单元。它是在同一土属中，具有相类似的发育程度和剖面层次排列的一种比较稳定的类型。其属性相对稳定，非一般耕作措施在短期内所能改变。在相同母质类型的土属范围内，土种间只表现土壤发育程度的差异。对土种的划分主要以土体厚度、土体构型和表层质地为依据。

土壤质地即土壤的砂黏程度，是划分土种的主要依据。本次质地划分是以物理性黏粒（粒径小于0.01mm）在土壤中所占的百分数大小，将质地分为三类九级（表2-1）。

表2-1 土壤质地分级

质地名称		物理性砂粒含量（%）（>0.01mm）	物理性黏粒含量（%）（<0.01mm）
砂土	松砂土	100～95	0～5
	紧砂土	95～90	5～10
	砂壤土	80～70	10～20
壤土	轻壤土	70～55	20～30
	中壤土	55～40	30～45
	重壤土	40～25	45～60
黏土	轻黏土	25～15	60～75
	中黏土	25～15	75～85
	重黏土	<15	>85

二、土壤命名

土壤命名，是本着既反映土壤本身的发生发展规律，又体现剖面综合属性的精神，采用分级处理，连续命名的方法。

土类和亚类属于高级分类，采用发生学名称。如棕壤、褐土、淋溶褐土；又考虑耕种熟化程度，从群众名称中加以提炼，如潮棕壤、潮褐土、潮土等。

土属和土种属于基层分类，采用连续命名，能较清楚地反映出土壤发生的地域性特点及土壤耕层性状，土体构型和土壤肥力演变方向。连续命名，以土类为首，依次为亚类、土属、土种。具体命名时，要从低级到高级，依次为土种、土属、亚类、土类，如轻壤浅位黏质酸性岩坡洪积棕壤。

三、土壤分类系统

按第二次全国土壤普查分类系统，潍坊市土壤共划分为棕壤、褐土、潮土、砂姜黑土、盐土5个土类，15个亚类，34个土属，106个土种（表2-2、表2-3）。

表2-2 潍坊市土壤分类系统

土类		亚类		土属		土种			
								划分依据	
代号	名称	代号	名称	代号	划分依据	代号	土体构型分母表示	代号	表层质地分子表示
I	棕壤	a	棕壤	2	酸性岩坡、洪积物	1	均质	2	砂壤
				4	基性岩坡、洪积物	2	浅位黏质	3	轻壤
				6	非石灰性砂页岩坡、洪积物	3	深位黏质	4	中壤
						4	中层		

（续）

土类		亚类		土属		土种			
						划分依据			
代号	名称	代号	名称	代号	划分依据	代号	土体构型 分母表示	代号	表层质地 分子表示
I	棕壤	d	潮棕壤	5	洪、冲积物	1	均质	3	轻壤
						2	浅位黏质	4	中壤
						3	深位黏质		
		e	棕壤性土	1	酸性岩残、坡积物	2	薄层硬石底	1	砾质砂土
				2	基性岩残、坡积物	3	中层硬石底	2	砾质壤土
				3	非石灰性砂页岩残、坡洪积物	4	薄层酥石硼	4	砂质砾石土
						5	中层酥石硼		
II	褐土	a	褐土	1	钙质岩坡、洪积物	1	均质	3	轻壤
				4	坡、洪积物	2	浅位黏质	4	中壤
						3	深位黏质	5	重壤
						4	中层		
		b	石灰性褐土	4	土埠土（黄土母质）	1	均质	2	砂壤
		c	淋溶褐土	1	钙质岩坡、洪积物	1	均质	3	轻壤
				3	基性岩坡、洪积物	2	浅位黏质	4	中壤
				6	坡、洪积物	3	深位黏质		
						4	中层		
		d	潮褐土	1	洪、冲积物	1	均质	3	轻壤
				3	非石灰性洪冲积物	2	浅位黏质	4	中壤
						3	深位黏质		
		e	褐土性土	1	钙质岩残、坡积物	2	薄层硬石底	1	砾质砂土
				2	基性岩残、坡积物	3	中层硬石底	2	砾质壤土
								4	砂质砾石土
III	砂姜 黑土	a	砂姜黑土	1	黑土裸露	1	通体黑土	3	轻壤
				2	黄土覆盖（厚度 30~60cm）	4	浅位厚黑土层	4	中壤
								5	重壤
		d	石灰性 砂姜黑土	1	黑土裸露	1	通体黑土	4	中壤
				2	黄土覆盖（厚度 30~60cm）	4	浅位厚黑土层		
IV	潮土	a	潮土	7	砂质河潮土	1	砂均质	1	砂土
				8	壤质河潮土	2	壤均质	2	砂壤
				9	砂质石灰性河潮土	4	蒙淤型	3	轻壤
				10	壤质石灰性河潮土	5	蒙金型	4	中壤
						6	蒙银型		
						10	夹砂型		

（续）

土类		亚类		土属		土种			
						划分依据			
代号	名称	代号	名称	代号	划分依据	代号	土体构型 分母表示	代号	表层质地 分子表示
IV 潮土		b	湿潮土	1	壤质冲积湿潮土	3	黏均质	4	中壤
				2	黏质冲积湿潮土	5	蒙金型	5	重壤
				3	黏质湖积湿潮土				
		c	脱潮土	1	砂质脱潮土	1	砂均质	2	砂壤土
				2	壤质脱潮土	2	壤均质	3	轻壤
								4	中壤
		d	盐化潮土	7	砂质滨海氯化物盐化潮土	1	砂均质	1	砂土
				8	壤质滨海氯化物盐化潮土	2	壤均质	3	轻壤
						10	夹砂型	4	中壤
						12	夹黏型		
V 盐土		b	滨海潮盐土	1	滨海氯化物潮盐土	1	砂均质	1	砂土
				2	滨海滩地盐土	2	壤均质	3	轻壤
						3	黏均质	4	中壤
						10	夹砂型	5	重壤
						12	夹黏型		

潍坊市土壤分类系统有关划分标准说明：

①层位划分：

浅位（心土层）20～60cm

深位（腰土层）60～100cm

平原区潮土、盐土层位：

表土层 0～20cm

心土层 20～60cm

底土层 60～100cm

②潮土、盐土土体构型划分含义：

砂均质：全剖面均为砂质；在心底位有一薄壤夹层（<20cm），亦划为均砂质。

壤均质：全剖面均为壤质；在心底位有一薄层（<20cm）砂质或黏质夹层，亦划为壤均质。

黏均质：全剖面为黏质；在心底位出现<20cm壤质或砂质夹层，亦划为黏均质。

蒙淤型：指表层为砂质、轻壤或中壤，心土层以下出现厚层黏质土体，厚黏层以下不考虑出现其他质地土体。

蒙金型：指表层为砂、壤质，50cm以下为厚黏层的土体。

蒙银型：指表层为砂质，心土层以下出现厚壤质，以下为砂质土体。

夹砂型：指表层质地为壤或黏，心土层有一厚层（>30cm）砂质、砂层，以下为壤质的土体。

　　夹黏型：指盐土和盐化潮土，1m 土体内有一厚层（>30cm）黏质，不考虑层位。

　　③盐化潮土和盐土含盐量划分标准：

0.1%~0.2%，轻盐化

0.2%~0.5%，中盐化

>0.5%，盐土

表 2-3　土壤分类及面积统计

土壤名称	图上①代号	土壤面积（hm²）	土种占土属（%）	占土壤总面积（%）
一、棕壤（土类）		264 549.14		22.22
（一）棕壤（亚类）	1	131 987.68		11.09
1. 酸性岩坡洪积棕壤（土属）	1_1	67 101.25	100.00	5.64
①轻壤质酸性岩坡洪积棕壤	1_{12}	34 682.24	51.69	2.91
②轻壤质浅位黏质酸性岩坡洪积棕壤	1_{13}	3 148.63	4.69	0.27
③中壤质酸性岩坡洪积棕壤	1_{14}	15 935.82	23.75	1.34
④中层轻壤质酸性岩坡洪积棕壤	1_{16}	13 334.56	19.87	1.12
2. 基性岩坡洪积棕壤	1_2	812.71	100.00	0.07
①中壤均质基性岩坡洪积棕壤	1_{21}	812.71	100.00	0.07
3. 非石灰性砂页岩坡洪积棕壤	1_3	64 073.72	100.00	5.38
①轻壤质非石灰性砂页岩坡洪积棕壤	1_{31}	43 574.75	68.01	3.66
②轻壤浅位黏质非石灰性砂页岩坡洪积棕壤	1_{32}	1 494.00	2.33	0.13
③中壤质非石灰性砂页岩坡洪积棕壤	1_{33}	2 583.45	4.03	0.22
④中壤质浅位黏质非石灰性砂页岩坡洪积棕壤	1_{34}	604.06	0.94	0.05
⑤中层轻壤质非石灰性砂页岩坡洪积棕壤	1_{35}	15 817.46	24.69	1.33
（二）潮棕壤	2	21 929.93		1.84
1. 洪冲积潮棕壤	2_1	21 929.93	100.00	1.84
①轻壤质洪冲积潮棕壤	2_{11}	15 568.48	70.99	1.31
②轻壤质浅位黏质洪冲积潮棕壤	2_{12}	768.80	3.51	0.07
③轻壤质深位黏质洪冲积潮棕壤	2_{13}	1 893.34	8.63	0.16
④中壤质浅位黏质洪冲积潮棕壤	2_{14}	3 699.31	16.87	0.31
（三）棕壤性土	3	110 631.53		9.29
1. 酸性岩残坡积棕壤性土	3_1	97 661.25	100.00	8.20
①薄层砾质砂土酸性岩残坡积棕壤性土	3_{11}	65 696.00	67.27	5.52
②中层砾质砂土酸性岩残坡积棕壤性土	3_{12}	22 405.51	22.94	1.88
③薄层砂质砾石土酸性岩残坡积棕壤性土	3_{13}	9 143.74	9.36	0.77
④薄层砾质壤土酸性岩残坡积棕壤性土	3_{14}	416.00	0.43	0.03

（续）

土壤名称	图上①代号	土壤面积（hm²）	土种占土属（%）	占土壤总面积（%）
2. 基性岩残坡积棕壤性土	3_2	5 052.49	100.00	0.42
①中层砂质砾石土基性岩残坡积棕壤性土	3_{22}	1 996.57	39.52	0.17
②薄层砾质壤土基性岩残坡积棕壤性土	3_{23}	3 055.92	60.48	0.26
3. 非石灰性砂页岩残坡积棕壤性土	3_3	7 917.79	100.00	0.66
①薄层砾质砂土非石灰性砂页岩残坡积棕壤性土	3_{31}	4 448.60	56.19	0.37
②中层砾质砂土非石灰性砂页岩残坡积棕壤性土	3_{32}	199.04	2.51	0.02
③薄层砂质砾石土非石灰性砂页岩残坡积棕壤性土	3_{33}	1 299.27	16.41	0.11
④薄层砾质壤土非石灰性砂页岩残坡积棕壤性土	3_{34}	1 970.88	24.89	0.17
二、褐土		484 543.93		40.70
（一）褐土	4	99 041.52		8.32
1. 钙质岩坡洪积褐土	4_1	68 503.90	100.00	5.75
①轻壤质钙质岩坡洪积褐土	4_{11}	333.74	0.49	0.03
②中壤质钙质岩坡洪积褐土	4_{12}	55 532.96	81.06	4.66
③中壤质浅位黏质钙质岩坡洪积褐土	4_{13}	6 403.16	9.35	0.54
④中壤质深位黏质钙质岩坡洪积褐土	4_{14}	1 091.08	1.59	0.09
⑤中层中壤质钙质岩坡洪积褐土	4_{15}	5 142.96	7.51	0.43
2. 坡洪积褐土	4_2	30 537.62	100.00	2.56
①轻壤质坡洪积褐土	4_{21}	10 511.04	34.42	0.88
②中壤质坡洪积褐土	4_{22}	15 449.00	50.59	1.30
③中壤质浅位黏质坡洪积褐土	4_{23}	4 577.58	14.99	0.38
（二）石灰性褐土	$4'$	4 164.84		0.35
1. 黄土母质石灰性褐土	$4'_3$	4 164.84	100.00	0.35
①砂壤均质黄土母质石灰性褐土	$4'_{31}$	4 164.84	100.00	0.35
（三）淋溶褐土	5	163 136.51		13.70
1. 钙质岩坡洪积淋溶褐土	5_1	20 144.88	100.00	1.69
①轻壤质钙质岩坡洪积淋溶褐土	5_{11}	1 388.43	6.89	0.12
②轻壤质浅位黏质钙质岩坡洪积淋溶褐土	5_{12}	2 581.88	12.82	0.22
③中壤质钙质岩坡洪积淋溶褐土	5_{13}	8 119.06	40.30	0.68
④中壤质浅位黏质钙质岩坡洪积淋溶褐土	5_{14}	1 799.51	8.93	0.15
⑤中层轻壤质钙质岩坡洪积淋溶褐土	5_{15}	6 256.00	31.06	0.53
2. 基性岩坡洪积淋溶褐土	5_2	60 697.69	100.00	5.10
①轻壤质基性岩坡洪积淋溶褐土	5_{21}	28 636.84	47.18	2.41
②轻壤质浅位黏质基性岩坡洪积淋溶褐土	5_{22}	6 659.26	10.97	0.56

（续）

土壤名称	图上①代号	土壤面积 (hm²)	土种占土属 (%)	占土壤总面积 (%)
③中层轻壤质基性岩坡洪积淋溶褐土	5_{23}	25 401.59	41.85	2.13
3. 坡洪积淋溶褐土	5_3	82 293.94	100.00	6.91
①轻壤质坡洪积淋溶褐土	5_{31}	73 613.87	89.45	6.18
②轻壤质浅位黏质坡洪积淋溶褐土	5_{32}	2 670.10	3.25	0.22
③中壤质坡洪积淋溶褐土	5_{33}	1 480.69	1.80	0.12
④中壤质浅位黏质坡洪积淋溶褐土	5_{34}	4 529.28	5.50	0.38
（四）潮褐土	6	131 801.57		11.07
1. 洪冲积潮褐土	6_1	75 086.03	100.00	6.31
①轻壤质洪冲积潮褐土	6_{11}	46 048.13	61.33	3.87
②中壤质洪冲积潮褐土	6_{12}	5 132.36	6.84	0.43
③中壤质浅位黏质洪冲积潮褐土	6_{13}	22 408.92	29.84	1.88
④中壤质深位黏质洪冲积潮褐土	6_{14}	1 496.62	1.99	0.13
2. 非石灰性洪冲积潮褐土	6_2	56 715.54	100.00	4.76
①轻壤质非石灰性洪冲积潮褐土	6_{21}	21 237.80	37.45	1.78
②轻壤质浅位黏质非石灰性洪冲积潮褐土	6_{22}	9 498.86	16.75	0.80
③中壤质非石灰性洪冲积潮褐土	6_{23}	10 396.94	18.33	0.87
④中壤质浅位黏质非石灰性洪冲积潮褐土	6_{24}	12 207.77	21.52	1.03
⑤中壤质深位黏质非石灰性洪冲积潮褐土	6_{25}	3 374.17	5.95	0.28
（五）褐土性土	7	86 399.49		7.26
1. 钙质岩残坡积褐土性土	7_1	65 949.96	100.00	5.54
①薄层砂质砾石土钙质岩残坡积褐土性土	7_{11}	26 135.42	39.63	2.20
②中层砂质砾石土钙质岩残坡积褐土性土	7_{12}	7 153.50	10.85	0.60
③薄层砾质壤土钙质岩残坡积褐土性土	7_{13}	32 661.04	49.52	2.74
2. 基性岩残坡积褐土性土	7_2	20 449.53	100.00	1.72
①薄层砂质砾石土基性岩残坡积褐土性土	7_{21}	6 072.34	29.69	0.51
②薄层砾质壤土基性岩残坡积褐土性土	7_{22}	14 377.19	70.31	1.21
三、砂姜黑土		124 607.85		10.47
（一）砂姜黑土	8	101 463.69		8.52
1. 黑土裸露砂姜黑土	8_1	90 303.80	100.00	7.58
①轻壤质黑土裸露砂姜黑土	8_{11}	23 059.28	25.54	1.94
②中壤质黑土裸露砂姜黑土	8_{12}	62 682.61	69.41	5.26
③重壤质黑土裸露砂姜黑土	8_{13}	4 561.91	5.05	0.38
2. 黄土覆盖砂姜黑土	8_2	11 159.89	100.00	0.94

（续）

土壤名称	图上[①]代号	土壤面积 （hm²）	土种占土属 （%）	占土壤总面积 （%）
①轻壤质浅位黑土层黄土覆盖砂姜黑土	8_{21}	5 986.68	53.64	0.50
②中壤质浅位黑土层黄土覆盖砂姜黑土	8_{22}	5 173.21	46.36	0.43
（二）石灰性砂姜黑土	9	23 144.16		1.94
1. 黑土裸露石灰性砂姜黑土	9_1	1 435.11	100.00	0.12
①中壤质黑土裸露石灰性砂姜黑土	9_{11}	1 435.11	100.00	0.12
2. 黄土覆盖石灰性砂姜黑土	9_2	21 709.05	100.00	1.82
①中壤质浅位黑土层黄土覆盖石灰性砂姜黑土	9_{21}	21 709.05	100.00	1.82
四、潮土		277 416.39		23.30
（一）潮土	10	180 652.99		15.17
1. 砂质河潮土	10_1	24 924.55	100.00	2.09
①砂均质河潮土	10_{11}	7 710.43	30.93	0.65
②砂壤均质河潮土	10_{12}	16 255.31	65.22	1.37
③砂壤质蒙银型河潮土	10_{13}	958.81	3.85	0.08
2. 壤质河潮土	10_2	115 714.49	100.00	9.72
①轻壤均质河潮土	10_{21}	68 115.90	58.86	5.72
②轻壤质夹砂型河潮土	10_{22}	7 134.96	6.17	0.60
③轻壤质蒙金型河潮土	10_{23}	6 604.62	5.71	0.55
④中壤均质河潮土	10_{24}	16 578.13	14.33	1.39
⑤中壤质蒙淤型河潮土	10_{25}	17 280.88	14.93	1.45
3. 砂质石灰性河潮土	10_3	4 288.52	100.00	0.36
①砂均质石灰性河潮土	10_{31}	4 288.52	100.00	0.36
4. 壤质石灰性河潮土	10_4	35 725.43	100.00	3.00
①轻壤均质石灰性河潮土	10_{41}	10 411.20	29.14	0.87
②轻壤质夹砂型石灰性河潮土	10_{42}	502.78	1.41	0.04
③轻壤质蒙金型石灰性河潮土	10_{43}	1 969.10	5.51	0.17
④中壤均质石灰性河潮土	10_{44}	14 033.55	39.28	1.18
⑤中壤质蒙淤型石灰性河潮土	10_{45}	6 506.84	18.22	0.55
⑥中壤质蒙金型石灰性河潮土	10_{46}	2 301.96	6.44	0.19
（二）湿潮土	11	32 457.82		2.73
1. 壤质冲积黑潮土	11_1	20 086.58	100.00	1.69
①中壤质蒙金型冲积黑潮土	11_{11}	20 086.58	100.00	1.69
2. 黏质冲积黑潮土	11_2	6 693.81	100.00	0.56
①黏均质冲积黑潮土	11_{21}	6 693.81	100.00	0.56
3. 黏质湖积黑潮土	11_3	5 677.43	100.00	0.48
①黏均质湖积黑潮土	11_{31}	5 677.43	100.00	0.48
（三）脱潮土	12	18 420.19		1.55

（续）

土壤名称	图上①代号	土壤面积（hm²）	土种占土属（%）	占土壤总面积（%）
1. 砂质脱潮土	12_1	3 830.14	100.00	0.32
①砂均质脱潮土	12_{11}	3 830.14	100.00	0.32
2. 壤质脱潮土	12_2	14 590.05	100.00	1.23
①轻壤均质脱潮土	12_{21}	7 254.36	49.72	0.61
②中壤均质脱潮土	12_{22}	7 335.69	50.28	0.62
（四）盐化潮土	13	45 885.39		3.85
1. 砂质氯化物滨海盐化潮土	13_1	1 061.31	100.00	0.09
①砂均质中盐化氯化物滨海盐化潮土	13_{11}	1 061.31	100.00	0.09
2. 壤质氯化物滨海盐化潮土	13_2	44 824.08	100.00	3.76
①轻壤均质轻盐化氯化物滨海盐化潮土	13_{21}	2 669.67	5.95	0.22
②轻壤均质中盐化氯化物滨海盐化潮土	13_{22}	2 877.17	6.42	0.24
③轻壤质夹砂型轻盐化氯化物滨海盐化潮土	13_{23}	1 911.05	4.26	0.16
④轻壤质夹砂型中盐化氯化物滨海盐化潮土	13_{24}	5 417.50	12.09	0.46
⑤轻壤质夹黏型轻盐化氯化物滨海盐化潮土	13_{25}	522.51	1.17	0.04
⑥轻壤质夹黏型中盐化氯化物滨海盐化潮土	13_{26}	1 156.50	2.58	0.10
⑦中壤均质轻盐化氯化物滨海盐化潮土	13_{27}	6 656.90	14.85	0.56
⑧中壤均质中盐化氯化物滨海盐化潮土	13_{28}	2 126.03	4.74	0.18
⑨中壤质夹黏型轻盐化氯化物滨海盐化潮土	13_{210}	11 519.49	25.70	0.97
⑩中壤质夹黏型中盐化氯化物滨海盐化潮土	13_{211}	9 967.26	22.24	0.84
五、盐土		39 530.86		3.32
（一）滨海潮盐土	14	39 530.86		3.32
1. 氯化物滨海潮盐土	14_1	34 359.97	100.00	2.89
①砂均质氯化物滨海潮盐土	14_{11}	6 669.27	19.41	0.56
②砂质夹黏型氯化物滨海潮盐土	14_{12}	4 122.94	12.00	0.35
③轻壤质夹砂型氯化物滨海潮盐土	14_{13}	9 408.92	27.38	0.79
④中壤均质氯化物滨海潮盐土	14_{14}	3 842.94	11.19	0.32
⑤中壤质夹砂型氯化物滨海潮盐土	14_{15}	1 568.02	4.56	0.13
⑥中壤质夹黏型氯化物滨海潮盐土	14_{16}	7 784.21	22.65	0.65
⑦黏均质氯化物滨海潮盐土	14_{17}	963.67	2.81	0.08
2. 滨海滩地盐土	14_2	5 170.89	100.00	0.43
①砂均质滨海滩地盐土	14_{21}	5 170.89	100.00	0.43
总面积		1 190 648.17		

注：①图上代号指《潍坊市土壤图》（中国农业科学技术出版社，2016）上的代号，下同。

四、土壤分布概况

潍坊市地处山东半岛中部，暖温带中南部，气候为暖温带半湿润季风型，地带性植被为中生型落叶、阔叶林。本市地处北纬 $35°41'\sim37°26'$，南北跨度不太大，基本属于同一个生物气候带，母岩母质是制约本市土壤的重要因素，因此地带性土壤棕壤和褐土并存是本市土壤分布的地带特点。南部主要是以酸性岩为母岩发育的棕壤，分布较单一；胶济线南北以褐土为主；中间地带由于母岩母质关系，棕壤和褐土交错分布；北部沿海平原及境内河流沿岸，地势较平坦，地下水位较高，地下水参与成土过程，分布着非地带性土壤——潮土、盐土和砂姜黑土。

境内地形自南向北，由高到低有规律的变化，即中山、低山—丘陵—山前洪积平原—低平原—沿海低平地—滩涂。生物气候条件自南向北逐渐变化，由湿润到较干燥。南部降水较多，较湿润，淋溶作用比北部强烈。由于地形和生物气候条件的差异，使潍坊自南向北土壤分布有较鲜明的规律。从南向北土壤分布依次为：棕壤—褐土—潮土、砂姜黑土—盐土。

棕壤集中分布在诸城、临朐、昌乐县市东南部，安丘市西南部及高密市南部等地。棕壤是境内主要地带性土壤之一，大部分形成于酸性岩类的母质，其次是非石灰性砂页岩，基性岩形成棕壤面积较小。全市棕壤面积 264 549.14hm²，是本市主要农林用地。

褐土主要分布于潍中山地丘陵及山前洪积平原上，集中分布在胶济铁路两侧的青州、昌乐、潍城、坊子、昌邑等县（市、区），临朐、寿光、安丘等县市也有较大面积分布。青州市和临朐县的褐土，形成于钙质岩类母质上；其他县市区多发育在富含钙质的坡洪积母质上；在基性岩母质上多发育淋溶褐土。褐土面积 484 543.93hm²，为潍坊市主要农林用地。

砂姜黑土主要分布在昌邑、高密的胶莱河平原和寿光、青州的交接洼地，除此之外，寒亭、诸城、安丘等县的蝶形洼地也有零星分布。全市总面积 124 607.85hm²。由于母质来源及水文地质条件的差异，砂姜黑土的石灰反应不同。胶莱河平原（高密、昌邑）和诸城、安丘等地的低地，主要分布普通砂姜黑土；青州、寿光北部的交接洼地，砂姜黑土发育于富含钙质母质，石灰反应强烈，分布着石灰性砂姜黑土。

潮土主要分布在城区以北的寿光、昌邑、寒亭的中部和北部及流经本市境内的胶莱河、潍河、白浪河、虞河、弥河等两岸的冲积平原上，在南部山前平原下部及沟谷洪积小平原上也有小面积分布。由于母质来源的影响，潮土可分石灰性和无石灰性两种类型，石灰性潮土主要分布在寒亭、寿光等市区，高密北部的胶莱河两岸也有小面积分布；无石灰性潮土主要分布在昌邑、高密、诸城、安丘等县市。在北部潮土和盐土过渡带，分布着盐化潮土。全市潮土面积共有 277 416.39hm²，为本市的主要农田用地。

盐土主要分布在寿光、寒亭、昌邑北部沿海地区，多分布在海拔5m以下地带，面积 39 530.86hm²。

五、土壤类型及分布

（一）棕壤土类

棕壤面积 264 549.14hm²，占全市土壤面积的 22.22%，其中耕地面积131 906.29hm²，占本土类的 49.86%。广泛分布于南部山地丘陵区，形成于酸性岩、非石灰性砂页岩及部分基性岩的山地丘陵，及其由这些岩类风化物堆积的高阶地、山前倾斜平原及洪冲积平原上。主要分布在本市南部的诸城市、临朐县东南部，在潍坊中部的昌乐县和安丘市等地也有一定面积分布。

棕壤的成土母质以酸性岩类（花岗岩、片麻岩等）风化物为主，其次为非石灰性砂页岩及部分基性岩（安山岩、辉长岩、玄武岩等）风化物。在上述母岩山地丘陵的上部和坡面上为残坡积物，山麓及山前倾斜平原上部为坡洪积物，平原大部为洪冲积物，分别形成棕壤性土、棕壤和潮棕壤。

棕壤区的植被，目前原生落叶阔叶林难见，绝大部分为次生林，主要为次生针叶树，多生长松树，约占林木植被的 3/4 左右。其次为刺槐，还有杨树等。人工栽植的有泡桐、苹果、山楂、板栗等。自然草本植物为杂草。阔叶灌木丛主要有杜鹃、酸枣、胡枝子等。

土体剖面通体无石灰反应，土壤呈酸性至微酸性，pH 一般在 5.3～6.8 之间。典型棕壤具有明显的淋溶和淀积作用，剖面呈棕色或棕褐色，有较黏重的心土层，并有铁锰结核、铁质凝聚体等新生体。土壤呈粒状或块状结构。从垂直分布看，由上而下的亚类分布是：棕壤性土→棕壤→潮棕壤。表土质地由粗到细，土体厚度由薄到厚，土壤养分含量由少到多，地下水位由低到高。

依据棕壤的附加成土过程、土壤属性，本市土壤划分为棕壤、潮棕壤和棕壤性土 3 个亚类。以棕壤为代表性亚类，潮棕壤受地下水和耕种的影响最深，棕壤性土受侵蚀影响最重。

棕壤共有 3 个亚类，7 个土属，24 个土种，见表 2 - 4。

表 2 - 4　棕壤各亚类及土属情况

亚类	土属	土壤面积（hm²）	占亚类（%）	占土壤总面积（%）	主要分布地	土种数量（个）
棕壤	1. 酸性岩坡洪积棕壤	67 101.25	50.84	5.64	诸城、临朐、昌乐	4
	2. 基性岩坡洪积棕壤	812.71	0.62	0.07	安丘、临朐	1
	3. 非石灰性砂页岩坡洪积棕壤	64 073.72	48.55	5.38	诸城、高密	5
潮棕壤	1. 洪冲积潮棕壤	21 929.93	100	1.84	诸城、昌乐、安丘	4
棕壤性土	1. 酸性岩残坡积棕壤性土	97 661.25	88.28	8.20	临朐、诸城、安丘	4
	2. 基性岩残坡积棕壤性土	5 052.49	4.57	0.42	临朐、昌乐、安丘	2
	3. 非石灰性砂页岩残坡积棕壤性土	7 917.79	7.16	0.66	诸城	4

1. 棕壤亚类（代号 1）　棕壤亚类在本市主要分布在山前倾斜平原、缓坡丘陵中下部。主要分布在诸城、昌乐、临朐、高密、安丘等县市。母质母岩为酸性岩类、非石灰性砂页岩及少量基性岩的坡洪积物。总面积 131 987.68hm²，占土壤总面积的 11.09%，占棕壤土类面积的 49.89%。

棕壤亚类分布地形较平缓，土层比较深厚，土壤颜色以棕色为主。剖面一般都发育良好，剖面构型为 A-B-C 型，表层即为淋溶层（A 层），淋溶层以下为淀积层（B 层）。淀积层既有黏粒淀积又有铁锰淀积，因此，在 B 层可见较多的铁锰结核，黏粒含量相应较高，本市棕壤黏粒淀积层位较浅。母质层（C 层）一般为棕黄色，有的为明显的母岩半风化物。这种土壤有多年的垦殖历史，土壤垦耕率较高，保水保肥性能强，适宜作物生长。

棕壤亚类的基本性质：剖面通体呈弱酸性反应，个别中性，pH6.0～7.0，大多数为6.5 左右，盐基不饱和，表层 pH 略高，盐基组成以钙镁为主，盐基交换量较大，盐基饱和度多在 80%。剖面土体构型以均壤质为主，有明显的淋溶和淀积作用，剖面具有明显的黏重心土层，表土为轻壤或中壤，心土层和底土层呈核块状结构，并有铁锰胶膜和铁子。

棕壤亚类的黏土矿物以水云母为主，有一定量的蒙脱石、高岭石和少量蛭石、绿泥石等，全剖面的黏土矿物类型比较一致。

棕壤亚类，根据母岩性质和母质类型，划分为酸性岩坡洪积棕壤、基性岩坡洪积棕壤和非石灰性砂页岩坡洪积棕壤 3 个土属，共 10 个土种。分别概述如下：

（1）酸性岩坡洪积棕壤土属（代号 1_1） 有 4 个土种。该土属在本市分布面积为67 101.25hm^2，占土壤总面积的 5.64%。为棕壤亚类的 50.84%。主要分布在昌乐、临朐、诸城、安丘等县市。母质基岩主要为花岗石、片麻岩等。由于母岩不含游离石灰，同时由于淋溶作用比较强，全剖面呈弱酸反应，心土层以下酸性比上层大，表层 pH 一般接近 7.0，心土层以下为 6.0～6.7。表层以轻壤为主，小部为砂壤—中壤，比较疏松，易耕种；心土层为中壤—重壤，剖面中部黏粒含量较高，具有黏化特点，有淋溶淀积现象。该土属多为厚层土，大部垦为农田，为棕壤区的主要农用地。

根据土体构型和表层质地，该土属划分 4 个土种（表 2-5）。其中以轻壤均质和中壤均质面积最大，其次是中层土，3 个土种为该土属的 3 个代表土种，分布广泛。以轻壤质酸性岩坡洪积棕壤的典型剖面为例，说明其形态特征。

表 2-5 酸性岩坡洪积棕壤土种、面积及分布

土种名称	图上代号	面积（hm^2）	占土属（%）	主要分布地
轻壤质酸性岩坡洪积棕壤	1_{12}	34 682.24	51.69	昌乐、临朐、诸城、峡山
轻壤质浅位黏质酸性岩坡洪积棕壤	1_{13}	3 148.63	4.69	安丘、高密、坊子
中壤质酸性岩坡洪积棕壤	1_{14}	15 935.82	23.75	临朐、昌乐、安丘
中层轻壤质酸性岩坡洪积棕壤	1_{16}	13 334.56	19.87	昌乐、安丘、临朐、诸城

其典型剖面特征如下：

0～18cm：A 层，浅棕色，轻壤质，粒状结构，较疏松，孔隙、根系多，有蚯蚓穴，无石灰反应。

18～58cm：AB 层，棕色，轻壤，粒状结构，较疏松，多孔，多根系，有蚯蚓穴和砖块，无石灰反应。

58～97cm：B 层，暗棕色，中壤，块状结构，结构面胶膜明显，有铁子，较紧实，少孔隙，少根系，无石灰反应。

97～150cm：BC 层，黄棕色，中壤，块状结构，有铁子，紧实，有砾石，无石灰

反应。

（2）基性岩坡洪积棕壤土属（代号 1_2） 只有 1 个土种，即中壤均质基性岩坡洪积棕壤（代号 1_{21}）。该土属在全市分布面积为 812.71hm²，占土壤总面积的 0.07%，占棕壤亚类面积的 0.62%，主要分布于安丘、临朐等县，多发育于基性岩类的山麓坡地上，基岩为安山岩、辉长岩等。由玄武岩风化物发育成棕壤的比率较小。基性岩母质发育的棕壤多呈中性反应，pH6.5～7.0，土层较厚，多属中厚层土壤。

基性岩发育的棕壤，质地较细，多为中壤土。心土层以下稍黏，明显的特点是表层黏粒含量比酸性岩和非石灰性砂页岩母质发育的棕壤含量高，黏粒在剖面中的分异现象不显著。

其剖面形态特征：

0～20cm：A 层，黄褐色，中壤，粒状结构，松，多孔，多根系，有小石块。

20～45cm：B_1 层，黄褐色，中壤，细粒状结构。

45～100cm：B_2 层，棕褐色，中壤，块状结构，稍紧，有铁子。

100～150cm：C 层，棕黄色，中壤，紧。

（3）非石灰性砂页岩坡洪积棕壤土属（代号 1_3） 有 5 个土种。该土属在全市分布面积为 64 073.72hm²，占土壤总面积的 5.38%，占棕壤亚类面积的 48.55%。主要分布在高密南部、诸城东部、南部的低山缓丘的山麓坡地上，其中诸城面积最大。成土母质母岩主要为沉积砂页岩及少数砾岩的坡洪积物。

该土属按土体构型及表层质地，划分为 5 个土种（表 2-6）。其中轻壤质和中层轻壤质这两个土种面积最大，为该土属的代表土种。以轻壤质非石灰性砂页岩坡洪积棕壤为例，说明其形态特征。

表 2-6 非石灰性砂页岩坡洪积棕壤土种、面积及分布

土种名称	图上代号	面积（hm²）	占土属（%）	主要分布地
轻壤质非石灰性砂页岩坡洪积棕壤	1_{31}	43 574.75	68.01	诸城、高密
轻壤质浅位黏质非石灰性砂页岩坡洪积棕壤	1_{32}	1 494.00	2.33	诸城、高密
中壤质非石灰性砂页岩坡洪积棕壤	1_{33}	2 583.45	4.03	诸城、高密
中壤质浅位黏质非石灰性砂页岩坡洪积棕壤	1_{34}	604.06	0.94	青州
中层轻壤质非石灰性砂页岩坡洪积棕壤	1_{35}	15 817.46	24.69	诸城、高密

剖面形态特征：

0～20cm：A 层，棕黄，轻壤，粒状结构，松，多孔，根系多。

20～39cm：AB 层，褐棕色，轻壤，粒状结构，可见铁子，较松，多孔，多根系，夹有砖瓦块。

39～70cm：B_1 层，深灰—深棕色，中壤，块状结构，铁子较多，紧，少孔，少根系。

70～103cm：B_2 层，灰棕色，中壤，块状结构，铁子较多，紧实。

103～150cm：BC 层，棕黄色，中壤，块状结构，铁子较多，紧实。

典型剖面表明，非石灰性砂页岩坡洪积棕壤质地较轻，表土层多为轻壤，砂壤土仅在

中层土存在。剖面中部多为中壤—重壤，黏粒含量相应较高，剖面中部有黏化特点，有淋溶淀积现象。各剖面一般都含有一定量的石砾。

本市非石灰性砂页岩坡洪积棕壤大多数垦为耕地，少数林地均为人工林，生物积累不如自然林地强。土壤理化性状特点：有机质含量不高，土壤呈弱酸性反应，pH6.0～6.8之间，土壤紧实板结，容重偏大，孔隙度偏低。

2. 潮棕壤亚类（代号2） 全市潮棕壤面积21 929.93hm²，占土壤总面积1.84%，占棕壤土类的8.29%。主要分布在诸城、昌乐、安丘及高密等地。潮棕壤与棕壤亚类分布在同一区域，但分布的地形部位较低，多分布于山前倾斜平原的下部，地形平坦，地下水位较高，并参与了成土过程，在棕壤的成土过程中，附加了潮化过程。

潮棕壤的成土母质为无石灰性的洪冲积物，具有棕壤的一般特征，全剖面无石灰反应，呈微酸性至中性反应，剖面有淋溶淀积现象，但盐基饱和度比棕壤亚类稍高，在剖面的下部有锈斑。潮棕壤土体的明显特点是：B层深厚，在1.5m土体以内，B层黏粒含量明显比A层高，并有向下增多趋势。

潮棕壤是本市的主要高产田，一般都有灌溉条件，旱涝保收。由于耕作历史长久，土壤有机质的积累主要受作物和施肥的影响，土壤有机质的积累比自然植被下的棕壤亚类要弱，但因精耕细作和良好的水分条件，土壤肥力比较高。

潮棕壤在本市只有1个土属，为洪冲积潮棕壤（代号2_1），根据土体构型和表层质地，划分为4个土种，其分布和面积见表2-7。其中以轻壤质洪冲积潮棕壤面积最大，以其剖面为例，说明其形态特征。

表2-7 洪冲积潮棕壤土种、面积及分布

土种	图上代号	面积（hm²）	占土属（%）	主要分布地
轻壤质洪冲积潮棕壤	2_{11}	15 568.48	70.99	诸城、昌乐、安丘、高密
轻壤质浅位黏质洪冲积潮棕壤	2_{12}	768.80	3.51	诸城
轻壤质深位黏质洪冲积潮棕壤	2_{13}	1 893.34	8.63	诸城、峡山
中壤质浅位黏质洪冲积潮棕壤	2_{14}	3 699.31	16.87	诸城

剖面形态特征：

0～20cm：A层，灰棕色，轻壤，粒状结构，多孔多根系。

20～40cm：AB层，棕色，轻壤，小块状结构，较松。

40～110cm：B层，灰棕褐色，中壤土，块状结构，下部锈斑纹较多，紧实，少根少孔。

110～150cm：C层，棕灰色，中壤土，块状，锈斑纹多量，紧实。

洪冲积潮棕壤质地适中，多为轻壤—中壤土，耕层黏粒含量中等，大面积土体构型为上松下紧的蒙金型，对肥水保持有利，部分面积心土层黏粒含量增多，但黏化程度不严重，对根系下扎障碍作用不大。潮棕壤一般不含有砾石，而棕壤亚类大部分剖面含有一定量的砾石，这与二者的成土母质有关。潮棕壤呈弱酸性—中性。

3. 棕壤性土亚类（代号3）　棕壤性土，又名粗骨棕壤，群众俗称石渣土、马牙砂土、薄砂土等，分布在本市棕壤区山地丘陵中上部坡度较大的部位及侵蚀残丘、中山山坡及山脊。母质为花岗岩、片麻岩等酸性岩类，非石灰性砂页岩及以安山岩为主的基性岩的残坡积物。

棕壤性土的主要特点是土层薄，一般仅 10～30cm，厚度不到 60cm，土层以下即为半风化物母岩或母岩碎片，多数剖面发育不完全或无剖面发育，剖面多为 A-（B）-C 型或 A-C 型。土壤侵蚀严重，水、肥、土流失，是形成棕壤性土的主要原因。土壤质地粗，砾石多，孔隙多，疏松，不抗旱，不保水，不保肥，养分贫瘠肥力低，是棕壤中最瘠薄的亚类。

棕壤性土在本市分布面积为 110 631.53hm²，占土壤总面积的 9.29％，占棕壤土类面积的 41.82％。主要分布在临朐县、诸城市，其次是安丘市、昌乐县（表 2-8），目前低山缓丘上的棕壤性土已多垦耕为农田。在山地较高、坡度较大处也有垦耕的，但垦耕后水土流失严重。农耕地的棕壤性土宜种花生、甘薯等，一般为一年一作。较高处坡度较陡的棕壤性土以林为主，主要有松、栎、刺槐及杨。目前，在该亚类土壤上发展了较大面积的果树。在坡度大、土层薄的地段，林木较少，多为荒山坡（表 2-8）。

表 2-8　棕壤性土的分布及面积

分布地	临朐	诸城	安丘	昌乐	坊子
面积（hm²）	56 819.01	32 083.45	14 704.30	7 023.39	1.38

由于母质母岩、地形部位、侵蚀程度等因素的影响，使棕壤性土之间产生较大差异，依据母质母岩性质不同，把棕壤性土划分为 3 个土属：①酸性岩残坡积棕壤性土；②基性岩残坡积棕壤性土；③非石灰性砂页岩残坡积棕壤性土。共有 10 个土种，分别概述如下：

（1）酸性岩残坡积棕壤性土土属（代号3₁）　有 4 个土种。该土属主要分布在酸性岩棕壤区的山地丘陵中上部，面积 97 661.25hm²，占土壤总面积的 8.20％，占棕壤性土面积的 88.28％，其分布见表 2-9。

表 2-9　酸性岩残坡积棕壤性土土属分布及面积

分布地	临朐	诸城	安丘	昌乐	坊子
面积（hm²）	53 712.14	24 165.66	13 802.99	5 979.08	1.38

酸性岩残坡积棕壤性土主要由花岗岩、片麻岩等岩石风化而成。按土层厚度及表层质地，划分为 4 个土种，见表 2-10。

表 2-10　酸性岩残坡积棕壤性土土种、面积及分布

土种	图上代号	面积（hm²）	占土属（％）	主要分布地
薄层砾质砂土酸性岩残坡积棕壤性土	3_{11}	65 696.00	67.27	临朐、安丘、昌乐
中层砾质砂土酸性岩残坡积棕壤性土	3_{12}	22 405.51	22.94	诸城、临朐、昌乐

（续）

土种	图上代号	面积 （hm²）	占土属 （%）	主要分布地
薄层砂质砾石土酸性岩残坡积棕壤性土	3_{13}	9 143.74	9.36	诸城
薄层砾质壤土酸性岩残坡积棕壤性土	3_{14}	416.00	0.43	昌乐、安丘

在 4 个土种中以薄层砾质砂土酸性岩残坡积棕壤性土面积最大、分布最广，为该土属的代表土种，以其典型剖面为例说明其形态特征。

剖面取自临朐县沂山，剖面形态特征：

0～20cm：A 层，暗棕色，砾质砂石，松散，多孔，多根系。

20cm 以下：C 层，半风化物。

该土属质地粗，含石砾 15.6%～36%，黏粒含量很少，呈微酸性反应，pH6.1～6.9。由于植被是林地或荒草地未耕垦，有机质积累比较强，但由于有机物来源少，大多数有机质含量不高，由于土层薄，含有较多的石砾，质地较粗，黏粒含量低，代换量比较低，土壤容重较大，毛管孔隙较小，水分状况差。

（2）基性岩残坡积棕壤性土土属（代号 3_2） 有 2 个土种。在全市分布面积较小，共有 5 052.49hm²，占土壤总面积的 0.42%，占棕壤性土亚类面积的 4.57%，主要分布在临朐县，昌乐县、安丘市也有小面积分布。分布部位为山丘的中上部，母岩母质为以安山岩、辉长岩、玄武岩为主的风化物。在坡度较大部位，由于侵蚀较重，土壤含有较多的碎石片，含量超过 30%，多形成砾石土。在植被较好、侵蚀程度较轻的缓坡上，含砾石较少，多形成砾质壤土。

根据土层厚度和表层质地划分为 2 个土种，见表 2 - 11。

表 2 - 11 基性岩残坡积棕壤性土土种、面积及分布

土种	图上代号	面积 （hm²）	占土属 （%）	分布
中层砂质砾石土基性岩残坡积棕壤性土	3_{22}	1 996.57	39.52	临朐
薄层砾质壤土基性岩残坡积棕壤性土	3_{23}	3 055.92	60.48	临朐、昌乐、安丘

其中以薄层砾质壤土基性岩残坡积棕壤性土面积最大，为代表土种，其剖面形态特征如下：

0～20cm：A 层，灰棕色，轻壤，疏松，多孔隙，多根系，动物穴较多。

20cm 以下：C 层，为岩石半风化物，碎石。

基性岩残坡积棕壤性土砾石含量较高，为 30.3%～59.3%，土壤质地粗，表层多为砂壤—轻壤。黏粒含量比较低，土壤养分含量很低。土壤呈中性—弱酸性，pH6.5～7.0，稍高于其他土属。

（3）非石灰性砂页岩残坡积棕壤性土土属（代号 3_3） 有 4 个土种。分布面积 7 917.79hm²，占土壤总面积的 0.66%，占棕壤性土亚类面积的 7.16%，主要分布在诸城市。该土属发育在基岩为非石灰性砂页岩山地残丘中上部，由于所处地形部位较高，坡度较大，土壤侵蚀较重，土层较薄，质地为砂土或砂壤土，并含有较多的石砾。

依土层厚度和表层质地，该土属划分为 4 个土种，见表 2 - 12。其中薄层砾质砂土面积最大，其次是薄层砾质壤土，现以薄层砾质壤土非石灰性砂页岩残坡积棕壤性土为例，说明其剖面特征。

表 2 - 12　非石灰性砂页岩残坡积棕壤性土土种、面积及分布

土种	图上代号	面积 （hm²）	占土属 （％）	分布
薄层砾质砂土非石灰性砂页岩残坡积棕壤性土	3_{31}	4 448.60	56.19	诸城
中层砾质砂土非石灰性砂页岩残坡积棕壤性土	3_{32}	199.04	2.51	诸城
薄层砂质砾石土非石灰性砂页岩残坡积棕壤性土	3_{33}	1 299.27	16.41	诸城
薄层砾质壤土非石灰性砂页岩残坡积棕壤性土	3_{34}	1 970.88	24.89	诸城

剖面形态特征：

0～25cm：A 层，棕色，砂壤，疏松，多孔，多根系，含较多量砾石。

25cm 以下：母岩碎块。

由典型剖面看出，该土壤含有较多砾石，砂粒含量较高，黏粒含量较低，表层质地为砂壤，疏松。由于土层薄，土层以下即为硬石底，不透水，在丰水期易侵蚀。土壤养分含量较低，pH 为 6.0～6.8。

（二）褐土土类

潍坊市位于山东半岛中部，属于胶东丘陵棕壤与西部褐土过渡带。褐土的分布最广泛，各县市区均有，各土类中面积最大，总面积有 484 543.93hm²，占土壤总面积的40.70％，耕地面积 244 813.03hm²，占本土类面积的 50.52％。

依据褐土的附加成土过程，或发育阶段不同，可划分为褐土、石灰性褐土、淋溶褐土、潮褐土及褐土性土 5 个亚类。其中以褐土亚类为褐土类的代表亚类，其黏化作用和钙化作用都比较明显。石灰性褐土（土埠土）黏化作用和钙化作用均较弱，但通体含有较多的碳酸钙，属强石灰性。淋溶褐土的黏化作用虽较明显，但由于淋溶作用的加强，钙化作用相对较弱。潮褐土受地下水和耕作影响较深。褐土性土受侵蚀的影响最重。

褐土在各县市区均有分布，主要分布在潍坊市的中部和西部。在西部的青州、临朐境内的山地丘陵及其山前倾斜平原，集中分布着钙质岩类及其风化物，主要形成了褐土亚类和褐土性土。在昌乐县、安丘市和诸城市北部的丘陵区，因酸性岩、钙质岩和基性岩 3 种母岩相间存在，因而褐土和棕壤交错分布。在潍中洪积扇缘的平原区，地下水埋藏较浅，参与成土过程，集中分布着潮褐土。在昌乐、潍城、寒亭、昌邑一带，有石灰性褐土（土埠土）分布。

褐土区的自然植被为落叶阔叶林，目前，原生自然植被已不存在。现在山地丘陵植被多数为疏林、次生灌木丛和灌木草丛，由柏树、酸枣、胡枝子、紫穗槐等构成；草本植物有黄背草、狗尾草等；在沟谷道旁常见有次生阔叶树种，杨、榆、槐、柳、泡桐等；在水分条件较好、土层较厚的地方，可见成片的刺槐林。

褐土的主要特征：一是发育于钙质岩、基性岩的风化物及富钙洪冲积物、黄土母质上；二是土体富钙质，钙化现象明显，氧化钙的含量高，一般有假菌丝体，有石灰反应；

三是酸碱度呈中性及微碱性；四是适宜喜钙嫌酸性植物，如柏等的生长。

褐土各亚类的生产性能差异也较大，褐土除土层薄的褐土性土外，大部分已经开垦为农田。山地丘陵上部，由于坡地垦植过度，自然植被受到破坏，加重了土壤侵蚀，土层变薄。由于长期耕种熟化，山麓扇形地和山前倾斜平原大部分为耕种褐土亚类和耕种淋溶褐土。分布面积较大的熟化程度较高的潮褐土，是本市主要的高产土壤之一。

依据母岩性质及母质类型不同，共划分 10 个土属，下分 35 个土种，见表 2 - 13。

表 2 - 13　褐土各亚类及土属情况

亚类	土属	土壤面积（hm²）	占亚类（%）	占土壤总面积（%）	主要分布地	土种数量（个）
褐土	1. 钙质岩坡洪积褐土	68 503.90	69.17	5.75	青州、临朐、诸城	5
	2. 坡洪积褐土	30 537.62	30.83	2.56	青州、寿光、昌乐	3
石灰性褐土	1. 黄土母质石灰性褐土	4 164.84	100	0.35	昌邑、寒亭、潍城	1
淋溶褐土	1. 钙质岩坡洪积淋溶褐土	20 144.88	12.35	1.69	诸城、临朐	5
	2. 基性岩坡洪积淋溶褐土	60 697.69	37.21	5.10	安丘、昌乐、青州	3
	3. 坡洪积淋溶褐土	82 293.94	50.44	6.91	高密、诸城、坊子	4
潮褐土	1. 洪冲积潮褐土	75 086.03	56.97	6.31	寿光、青州、昌乐	4
	2. 非石灰性洪冲积潮褐土	56 715.54	43.03	4.76	安丘、昌邑、峡山	5
褐土性土	1. 钙质岩残坡积褐土性土	65 949.96	76.33	5.54	临朐、青州、安丘	3
	2. 基性岩残坡积褐土性土	20 449.53	23.67	1.72	安丘、昌乐、临朐	2

1. 褐土亚类（代号 4）　褐土亚类主要分布在青州、临朐、昌乐和安丘等地的山前平原及山间盆地，其他县市区也有小面积分布。面积为 99 041.52hm²，占土壤总面积的 8.32%，占褐土土类面积的 20.44%。

褐土亚类成土母质以钙质岩类的坡积—洪积物为主，在潍中平原较高部位和山前平原下部，分布有岩性混杂的坡洪积物母质发育的褐土亚类。土壤中均含有游离碳酸钙，一般剖面上部少、下部较多，在剖面中下部有假菌丝体（钙新生体）。由于母质不同，碳酸钙的含量及淋溶淀积程度各不相同。

钙质岩类母质发育的褐土，碳酸钙含量较高，并有明显的钙积层。坡洪积母质发育的褐土，碳酸钙在剖面中的分布形式多为均匀轻微型，并没有明显的钙积层。有的剖面碳酸钙含量上部高于下部，表层多、心底土层都少的碳酸钙分布形式，具有覆钙特点。褐土亚类均呈弱碱性反应。褐土亚类淋溶作用比棕壤弱。

褐土亚类的黏化作用普遍发生，但黏粒淀积不强烈，褐土亚类表层黏粒较少，黏化层稍高，黏粒在剖面中有分异而不显著，说明褐土亚类黏化作用存在而不强烈。

褐土亚类表层质地以中壤面积最大，其次为轻壤。

根据母质母岩性质及母质类型，把褐土亚类划分为两个土属，即钙质岩类坡洪积褐土和坡洪积褐土。

（1）钙质岩类坡洪积褐土土属（代号 4_1） 该土属有 5 个土种。分布面积68 503.90 hm^2，占土壤总面积的 5.75%，占该亚类面积的 69.17%。分布于基岩为钙质岩的山前平原，主要分布在青州、临朐、诸城、安丘等县市山地丘陵区的钙质岩坡积—洪积物母质上。所处地形部位为缓坡或高台地，土层深厚，大部分土层厚在 1.5m 以上。有少部分面积为土层不到 60cm 的中层土，土层以下为基岩，土体下部含有石块。

钙质岩类坡洪积褐土按土体构型和表层质地划分为 5 个土种，其分布和面积见表 2-14。其中以中壤质钙质岩类坡洪积褐土面积最大，为该土属的代表土种，其典型剖面特征如下：

表 2-14 钙质岩类坡洪积褐土土种、面积及分布

土种	图上代号	面积（hm²）	占土属（%）	分布
轻壤质钙质岩类坡洪积褐土	4_{11}	333.74	0.49	安丘
中壤质钙质岩类坡洪积褐土	4_{12}	55 532.96	81.06	青州、临朐、诸城
中壤质浅位黏质钙质岩类坡洪积褐土	4_{13}	6 403.16	9.35	安丘、青州、诸城
中壤质深位黏质钙质岩类坡洪积褐土	4_{14}	1 091.08	1.59	诸城、青州
中层中壤质钙质岩类坡洪积褐土	4_{15}	5 142.96	7.51	安丘、临朐

剖面形态特征：

0~21cm：A 层，褐色，中壤，粒状结构，松，多孔，多根系，石灰反应强。

21~46cm：B 层，褐色，中壤，块状结构，假菌丝体（较多），稍紧，根系较多，石灰反应强。

46~85cm：BC 层，褐色，轻壤，块状结构，假菌丝体（较多），紧，根系较少，石灰反应强。

85~150cm：C 层，黄褐色，轻壤，块状结构，紧实，根系少，有石灰岩石块，石灰反应强。

由剖面机械组成看，钙质岩（主要为石灰岩）发育的褐土质地较细，绝大多数为中壤—重壤，小面积为轻壤。黏化作用普遍存在，但黏化程度不强烈。

钙质岩坡洪积物发育的褐土理化性状较好，养分含量较高，碳酸钙含量较高，多在 3% 以上，pH7.3~7.9，呈弱碱性反应。

该土属目前大部分为耕地，在缓坡和坡麓的耕地，存在不同程度的侵蚀，灌溉条件较差，生产中主要问题是搞好水土保持，防止土壤侵蚀。有条件的地方发展灌溉，增施有机肥，科学施用化肥，改善生产条件，提高土壤生产力。

（2）坡洪积褐土土属（代号 4_2） 该土属有 3 个土种。总面积 30 537.62hm²，占土壤总面积的 2.56%，占褐土亚类面积的 30.83%。主要分布于青州、寿光、昌乐、临朐、坊子等县市区，分布于平原的高地，多分布于洪积扇。母质为各种岩性风化物的坡洪积物。

土体深厚，质地为轻壤—中壤，目前多已垦殖为耕地。

坡洪积褐土一般有良好的剖面发育，为 A—B—C 层，B 层发育多数较弱，土体以壤均质型为主。另一类型是 B 层发育较好，黏化作用比较明显，面积较小。

坡洪积褐土在本市分布较广，但分布面积零散，与淋溶褐土成复区分布。根据土体构型和表层质地，划分成 3 个土种，其分布和面积见表 2-15，其中轻壤质和中壤质坡洪积褐土面积最大，分别占 34.42％和 50.59％，现以中壤质坡洪积褐土为例说明其剖面形态特征。

表 2-15 坡洪积褐土土种、面积及分布

土种	图上代号	面积（hm²）	占土属（％）	分布
轻壤质坡洪积褐土	4_{21}	10 511.04	34.42	寿光、昌乐、坊子
中壤质坡洪积褐土	4_{22}	15 449.00	50.59	青州、寿光、昌乐
中壤质浅位黏质坡洪积褐土	4_{23}	4 577.58	14.99	青州、临朐

剖面形态特征：

0～20cm：A 层，黄褐色，中壤质，粒状结构，松，多孔，多根系，动物穴多，石灰反应弱。

20～45cm：AB 层，淡褐色，中壤质，小块状结构，假菌丝体少，较松，多孔，根系较多，石灰反应弱。

45～70cm：B_1 层，棕褐色，中壤质，块状结构，假菌丝体，胶膜多，紧，少孔，少根系，石灰反应弱。

70～100cm：B_2 层，棕褐色，中壤质，块状结构，胶膜多，紧，少孔，根系很少，石灰反应强。

100～150cm：C 层，黄褐色，中壤质，石灰反应（＋＋）。

由剖面看出，坡洪积褐土的质地多为轻壤—中壤，和钙质岩坡洪积褐土相比，轻壤面积较大，占 34.42％。黏粒含量表层较少，心土层和腰土层稍高，黏化程度不强。石灰反应程度由弱至中等，呈弱碱性反应，pH7.1～7.5。碳酸钙含量普遍较低，在 0.5％～2.0％之间，明显低于钙质岩坡洪积褐土。物理性状良好，质地适中，容重一般为 1.2～1.4g/cm³，总孔隙度 47％～59％，田间持水量 25％左右，多在适宜范围内。

坡洪积褐土所处地形平坦，土层深厚，质地适中，所处地区水热条件较好，目前大多数垦为耕地。但该土属矿质养分含量不高，部分水源缺乏，干旱问题严重，有机质缺乏，在利用上应注重于培肥土壤，合理施用化肥。在有条件的地方，广辟水源，改善水分条件，发挥该土属的生产潜力。

2. 石灰性褐土亚类（代号 4′） 石灰性褐土主要分布在昌邑市、寒亭区、潍城区、奎文区、坊子区及昌乐县的土埠岭上，群众俗称"风旋土"、"砂黄土"，面积为 4 164.84 hm²，占土壤总面积的 0.35％，占褐土土类面积的 0.86％。

石灰性褐土只有 1 个土属，为黄土母质石灰性褐土（土埠土，代号 4′₃），所处地多为高出地面数米至十几米的埠岭，母质为黄土母质，风积而成。据称，土埠是由于莱州湾海

退后，在比较干旱的气候条件下由风搬移而成。土层深厚，质地多为砂壤质，存在较重的侵蚀。通体碳酸钙含量甚高，石灰反应强，呈弱碱性反应。土壤发育微弱，层次分化不明显，土体构型均为砂壤均质。黏化程度较弱，黏化层发育极不明显，土色浅淡。

植被多为灌草丛，主要杂草为狗尾草、节骨草、蒺藜、猪毛菜等，说明了其旱薄程度很深。生物积累量较小，有机质含量在褐土各亚类中是最低的。

黄土母质石灰性褐土（土埠土）只有1个土种，为砂壤质黄土母质石灰性褐土（砂壤均质土埠土，代号 $4'_{31}$）。

剖面形态特征：

0～20cm：淡黄色，砂壤，小粒状结构，疏松，较多孔隙，多量根系，土体较干，石灰反应强。

20～60cm：浅黄色，砂壤，结构不明显，较松，孔隙较少，根系稍少，较湿润，石灰反应强。

60～100cm：黄色，砂壤较重，较松，不稳固的块状结构，有较多假菌丝体，少孔隙，少根系，较湿润，石灰反应强。

100～150cm：黄色，砂壤，较松，有假菌丝体，石灰反应强。

黄土母质石灰性褐土（土埠土）质地偏砂，通体为砂壤土，黏化现象不明显，毛管孔隙发达。土体深厚，耕性和通透性良好，但由于质地多为砂壤土，蓄保性能弱，毛管蒸发作用强，渗透性强，易失肥水。地下水位较深，无灌溉条件，干旱威胁大；养分极贫乏，发小苗，无后劲，生产潜力很低。旱、薄、蚀是土埠土的主要问题，因而应搞好水土保持，增施有机肥料，培肥地力，发展旱作农业，发展林果生产，在土埠下部宜种植花生等经济作物。

3. 淋溶褐土亚类（代号5） 淋溶褐土亚类在全市分布极广，除寿光市外，其他县市区均有分布，其分布面积较大的是安丘、诸城、高密、临朐、昌乐、坊子等县市区，该亚类土壤面积163 136.51hm²，占土壤总面积的13.70%，占褐土土类面积的33.67%。

淋溶褐土亚类主要发育在低缓丘陵及山前平坦扇形地、山前倾斜平原及河谷高阶地上，成土母质为钙质岩、基性岩的坡洪积物、厚层坡洪积物，在本市因母质类型复杂，淋溶褐土常与褐土亚类镶嵌分布。淋溶褐土在性状上是褐土与棕壤的过渡类型。

淋溶褐土与褐土亚类的主要区别在于淋溶作用强，碳酸钙含量微量，一般碳酸钙量低于0.25%，大部分在0.05%以下，剖面中无钙积层，呈中性反应，pH多为7.0，低于褐土亚类，但高于棕壤。

潍坊市淋溶褐土普遍存在黏化现象，表现为黏粒在土体中分布特点为表层低，心土层以下均高于表层，但多数黏化层黏粒含量比下层高。据统计，有明显黏化层的面积仅占12.32%，大多数黏化层位较浅，黏化层厚一般30～90cm，厚者1m以上。

淋溶褐土绝大多数已垦为耕地，仅部分面积为林地和果园。

根据母质类型，淋溶褐土划分为3个土属，即钙质岩坡洪积淋溶褐土、基性岩坡洪积淋溶褐土和坡洪积淋溶褐土。

（1）钙质岩坡洪积淋溶褐土土属（代号 5_1） 该土属总面积为20 144.88hm²，占土壤总面积的1.69%，占淋溶褐土亚类面积的12.35%。发育母质为以石灰岩为主的坡洪积物，土壤酸碱度在淋溶褐土中稍高于其他土属，一般在 6.8～7.5。根据土体构型和表层质地该土属划分 5 个土种，见表 2-16。

表 2-16 钙质岩坡洪积淋溶褐土土种、面积及分布

土种名称	图上代号	面积（hm²）	占土属（%）	主要分布地
轻壤质钙质岩坡洪积淋溶褐土	5_{11}	1 388.43	6.89	安丘、高密
轻壤质浅位黏质钙质岩坡洪积淋溶褐土	5_{12}	2 581.88	12.82	诸城、临朐
中壤质钙质岩坡洪积淋溶褐土	5_{13}	8 119.06	40.30	临朐、诸城
中壤质浅位黏质钙质岩坡洪积淋溶褐土	5_{14}	1 799.51	8.93	临朐
中层轻壤质钙质岩坡洪积淋溶褐土	5_{15}	6 256.00	31.06	诸城、安丘

其中以中壤质钙质岩坡洪积淋溶褐土土种面积最大，为该土属的代表土种，以其典型剖面为例，说明该土属的剖面形态特征。

剖面形态特征：

0～21cm：A 层，褐色，中壤质，粒状结构，松，孔隙多，多根，无石灰反应。

21～55cm：B 层，褐色，中壤质，块状结构，结构面上可见少量胶膜，湿为暗褐色，较紧，孔隙较多，根系较多，无石灰反应。

55～150cm：BC 层，黄褐色，中壤质，块状结构，有胶膜，紧实，少孔少根系，上部无石灰反应，下部石灰反应弱。

150cm 以下：C 层，浅黄色，石灰反应中等。

（2）基性岩类坡洪积淋溶褐土土属（代号 5_2） 该土属总面积 60 697.69hm²，占土壤总面积的 5.10%，占亚类面积的 37.21%。主要分布在安丘市、昌乐县、青州市，坊子区、临朐县等也有一定面积分布。母岩以中性的安山岩、玄武岩为主，土壤多呈中性反应，pH 为 6.5～7.0，底土层稍高，大多数不含碳酸钙或含微量碳酸钙，一般为 0.01%以下，无钙积化现象。根据土体构型和表层质地，该土属划分为 3 个土种，见表 2-17。

表 2-17 基性岩坡洪积淋溶褐土土种、面积及分布

土种名称	图上代号	面积（hm²）	占土属（%）	主要分布地
轻壤质基性岩坡洪积淋溶褐土	5_{21}	28 636.84	47.18	安丘、昌乐、青州
轻壤质浅位黏质基性岩坡洪积淋溶褐土	5_{22}	6 659.26	10.97	青州、昌乐
中层轻壤质基性岩坡洪积淋溶褐土	5_{23}	25 401.59	41.85	安丘、昌乐、坊子

以轻壤质基性岩坡洪积淋溶褐土为代表土种，以其典型剖面为例，说明该土属的剖面形态特征。

剖面形态特征：

0～20cm：A 层，棕黄色，轻壤，粒状结构，较松，多孔隙，根系多，动物穴多，无石灰反应。

20～50cm：B₁层，灰褐色，中壤，块状结构，铁子较多，紧，少孔隙，根系较少，无石灰反应。

50～90cm：B₂层，灰褐色，中壤，块状结构，铁子较多，紧，少孔隙，根系较少，无石灰反应。

90～150cm：BC层，灰黄色，中壤，无石灰反应。

150cm以下：C层，浅黄色。

由剖面表明，基性岩以安山岩和玄武岩为主，质地适宜，表层多为轻壤，剖面心土层以下为中壤至重壤。多无明显黏化层，有黏化层的面积仅占11.2%，且均为浅位黏质。土层薄，土层不到60cm的中层土面积占41.9%，一般含有砾石，存在水土流失。所处部位较高，地下水位较深，基本无灌溉条件。

基性岩淋溶褐土大多数为农田，土壤肥力中等，代换量略高，有利于保肥。碳酸钙含量微量，多在0.01%～0.1%之间，土壤呈中性反应，pH6.8～7.2。

（3）坡洪积淋溶褐土土属（代号5₃） 该土属总面积82 293.94hm²，占土壤总面积的6.91%，占淋溶褐土亚类的50.44%。主要分布于高密、诸城、坊子、安丘、昌邑、峡山等县市区，除青州、寿光外其他各县市区也有分布。

坡洪积淋溶褐土多分布于缓丘中下部、山前洪积扇、山前倾斜平原上。母质系为脱钙明显的坡洪积物，其母岩性质难以分清，系为多种岩石风化物的混合物。土体深厚，一般剖面层理清晰，多数剖面质地均一，只有8.73%的具有明显的黏化层。

坡洪积淋溶褐土往往与坡洪积褐土交错分布，一般情况是坡洪积淋溶褐土分布地形部位较坡洪积褐土稍高，在性状上的主要区别是淋溶强度的差异，淋溶褐土碳酸钙含量甚低，无钙积层，pH比坡洪积褐土低，多呈中性反应，pH多在6.7～7.2之间。

坡洪积淋溶褐土几乎全部垦为耕地，为本市主要耕地土壤之一，由于分布地形部位较高，地下水位较深，多位于缓坡地，存在不同程度的侵蚀，一般无灌溉条件或灌溉条件较差。

根据土体构型和表层质地，坡洪积淋溶褐土土属划分为4个土种，见表2-18。

表2-18 坡洪积淋溶褐土土种、面积及分布

土种名称	图上代号	面积（hm²）	占土属（%）	主要分布地
轻壤质坡洪积淋溶褐土	5₃₁	73 613.87	89.45	高密、坊子、峡山、诸城
轻壤质浅位黏质坡洪积淋溶褐土	5₃₂	2 670.10	3.25	临朐、诸城
中壤质坡洪积淋溶褐土	5₃₃	1 480.69	1.80	诸城
中壤质浅位黏质坡洪积淋溶褐土	5₃₄	4 529.28	5.50	诸城、峡山

该土属代表土种为轻壤质坡洪积淋溶褐土，其典型剖面形态特征：

0～21cm：A层，褐色，轻壤，粒状，松，较多孔隙，根系少，无石灰反应。

21～77cm：AB层，浅褐色，轻壤，小块状结构，较松，少孔少根系，无石灰反应。

77～105cm：B层，浅褐色，中壤，块状结构，较紧，无石灰反应。

105～150cm：C层，暗褐色，中壤，块状结构，铁锰结核少，紧，无石灰反应。

坡洪积淋溶褐土剖面特征是土体深厚,耕层土壤疏松,多为轻壤—中壤土。大部分剖面 50cm 以下质地比较重,为中壤—重壤,有利于保水保肥,对作物生长有利。剖面底层有铁锰结核,无钙积层,发生层次较明显,层次过渡较坡洪积褐土明显,色泽较鲜艳。多数剖面无明显的黏化层。

4. 潮褐土亚类(代号 6) 潮褐土亚类在全市分布广泛,各县市区均有。其中寿光、安丘、青州、昌乐、潍城分布面积较大。总面积 131 801.57hm²,占全市土壤总面积的 11.07%,占褐土类面积的 27.20%。

潮褐土即为过去的草甸褐土,开垦历史悠久,熟化程度高,为褐土中最重要的利用类型。潮褐土是潍坊市的主要耕地土壤,群众称为"金黄土"。

潮褐土主要分布在潍坊市的洪积扇扇缘、微斜平地上,在冲积平原的残余二级阶地上也有分布。母质为洪积物,以黄土性物质居多,质地多为轻壤—中壤质。地形平坦,微有倾斜,排水良好。地下水较浅,水源丰富,大部分井灌条件较好,垦殖较早,由于长期耕种,土壤熟化程度较高,耕层厚度 20~25cm,质地为壤质,土壤疏松。土体构型一般为上轻下重的"蒙金型",通体无障碍层次。耕性良好,养分丰富,保肥保水能力强,适种各种作物,产量稳定,为潍坊市的高产田。但仍有少部分潮褐土,心土层黏重,由于黏层部位高,隔水隔肥,根系下扎困难,为障碍层次,有待改良。

潮褐土属于褐土向潮土的过渡类型,在以褐土化过程为主的基础上,附加潮化过程。剖面上部不受地下水影响,进行褐土化过程中有碳酸钙的淋洗和黏化作用,但黏化作用程度比褐土亚类弱,土色鲜褐。地下水位较高,直接影响土壤形成过程,使剖面下部出现锈纹锈斑,有的有铁锰结核,有的剖面在底层有小型砂姜,这是与脱潮土相区别的主要特征。但由于干旱的影响,现在大部分潮褐土地区摆脱了地下水的影响。

潮褐土剖面可以划出 3 个基本发育层段。表土层厚度 16~40cm,为棕色或褐色,轻壤—中壤,耕层疏松,熟化程度高,石灰反应由弱至强,20cm 以下为犁底层,较紧实。心土层以下多有黏化现象,一般厚度 10~115cm,大多数分布在 40~90cm 上下,为暗棕色或棕褐色,质地多为中壤—重壤质;有的剖面有铁子、假菌丝体,土层较干,多为块状结构,有石灰反应。底土层一般在 100cm 以下,多数剖面 120~150cm 土层有锈纹锈斑,为潮化层,有石灰反应。

潮褐土和脱潮土在形态上的主要区别是:①潮褐土分布地形部位比脱潮土稍高,潮褐土分布在褐土亚类的下缘,脱潮土分布在潮土区内较高部位或潮土的上缘。②潮褐土的黏化现象比脱潮土略强,其土体构型多为上轻下重的"蒙金型",表土层和心土层以下黏粒含量差异颇大,而脱潮土心土层多无明显的黏化现象。③潮褐土土体内有较明显的钙化现象,土体内有假菌丝,有的剖面底层有小型砂姜,而脱潮土多数无假菌丝体,或仅有少量的假菌丝体。④二者底土层均有锈纹锈斑,但潮褐土出现部位更深一些,且潮化过程比脱潮土偏轻。⑤脱潮土的沉积层理比较清楚,这也是鉴别二者的主要依据。

潮褐土根据母质性质,可划分为两个土属,即洪冲积潮褐土和非石灰性洪冲积潮褐土。

(1)洪冲积潮褐土土属(代号 6₁) 面积 75 086.03hm²,占土壤总面积的 6.31%,占潮褐土亚类的 56.97%。主要分布在寿光市、青州市、昌乐县和潍城区、寒亭区、安丘市、临朐县等地。

洪冲积潮褐土除具有亚类所述的基本特征外，主要的特征是由于母质富含钙质，因而土壤通体具有强石灰性，土体中碳酸钙含量较高，一般在3%以上。洪冲积潮褐土根据土体构型和表层质地划分为4个土种，见表2-19。

表2-19 洪冲积潮褐土土种、面积及分布

土种名称	图上代号	面积 （hm²）	占土属 （%）	主要分布地
轻壤质洪冲积潮褐土	6_{11}	46 048.13	61.33	寿光、昌乐、寒亭、潍城、安丘等
中壤质洪冲积潮褐土	6_{12}	5 132.36	6.84	昌乐、青州、潍城、临朐
中壤质浅位黏质洪冲积潮褐土	6_{13}	22 408.92	29.84	青州、寿光、临朐、昌乐
中壤质深位黏质洪冲积潮褐土	6_{14}	1 496.62	1.99	青州、昌乐

各土种以轻壤质洪冲积潮褐土面积最大，为该土属的代表土种，现以典型剖面为例，说明该土属的剖面特征。

剖面形态特征：

0～27cm：A层，褐色，轻壤质，粒状结构，松，多孔隙，多根系，有石块，石灰反应强烈。

27～55cm：AB层，褐色，中壤质，粒状结构，假菌丝体较多，松，多孔多根系，石灰反应强烈。

55～103cm：B层，暗褐色，中壤，小块状结构，有小粒砂姜，下部锈纹锈斑较少，较紧，石灰反应强。

103～105cm：C层，灰黄色，轻壤，锈纹锈斑较多，少孔少根系，石灰反应强。

由剖面看出，耕层质地以轻壤—中壤为主，质地适中，比较疏松，经精耕细作，久经培肥，土壤肥力较高。土体中有较强的石灰反应，多数土壤呈弱碱性反应，pH7.0～7.5。

（2）非石灰性洪冲积潮褐土（代号6_2）　该土属面积56 715.54hm²，占土壤总面积的4.76%，占潮褐土亚类面积的43.03%，主要分布在安丘、昌邑、峡山、昌乐、坊子、诸城、奎文、潍城等县市区也有分布。

非石灰性洪冲积潮褐土和洪冲积潮褐土的主要区别是该土属母质来源于非钙质母岩风化物，母质不含钙质，土体中石灰性弱或无石灰性，碳酸钙含量很低，尤其是土体上部含量低，下部含量较高。

根据土体构型和表层质地，将该土属划分为5个土种，见表2-20。

表2-20 非石灰性洪冲积潮褐土土种、面积及分布

土种名称	图上代号	面积 （hm²）	占土属 （%）	主要分布地
轻壤质非石灰性洪冲积潮褐土	6_{21}	21 237.80	37.45	安丘、昌邑、峡山、坊子、潍城、奎文等
轻壤质浅位黏质非石灰性洪冲积潮褐土	6_{22}	9 498.86	16.75	安丘、峡山、坊子、诸城
中壤质非石灰性洪冲积潮褐土	6_{23}	10 396.94	18.33	昌乐、坊子、峡山等

（续）

土种名称	图上代号	面积（hm²）	占土属（%）	主要分布地
中壤质浅位黏质非石灰性洪冲积潮褐土	6₂₄	12 207.77	21.52	安丘、诸城、昌邑、峡山等
中壤质深位黏质非石灰性洪冲积潮褐土	6₂₅	3 374.17	5.95	安丘

各土种以轻壤质非石灰性洪冲积潮褐土面积最大，现以其为代表，说明其剖面形态特征。

0～25cm：A层，浅褐色，轻壤，碎粒状结构，较松，根系和孔隙多，有蚯蚓穴，有砖块等侵入体，石灰反应弱。

25～50cm：AB层，浅褐色，轻壤，碎块状和棱块结构，较松，根系较多，孔隙较多，有砖块，无石灰反应。

50～135cm：B层，褐色，中壤，棱块状结构，有假菌丝体，略见胶膜，较紧，根系孔隙较少，石灰反应上部弱、下部较强。

135～150cm：BC层，褐黄色，轻壤，结构松散，可见粒状砂姜、铁子、锈斑较多，稍紧，孔隙少，无根系，石灰反应较强。

由剖面看出，耕层质地以轻壤—中壤为主，质地适中，耕层比较疏松，平均容重为1.30g/cm³，一般碳酸钙含量较低，石灰反应较弱，多数剖面土体上部含量很低，底土层含量较高。多数具有良好的灌溉条件，为潍坊市主要高产土壤之一。

5. 褐土性土亚类（代号7） 褐土性土群众习称石渣子土、粗砂土、石皮土及岭砂土等，在本市山地丘陵褐土区的较高部位分布，全市总面积86 399.49hm²，占土壤总面积的7.26%，占褐土土类面积的17.83%。

褐土性土广泛分布在钙质岩类和基性岩类组成的低山丘陵的中上部，在山前洪积扇顶部也有分布，主要分布在安丘、临朐、青州、昌乐等县市。多为荒草坡或岭坡梯田，一般分布在褐土和淋溶褐土亚类的上部，是褐土类中受侵蚀影响最重的亚类。成土母质为钙质岩和基性岩类的残积坡积物。土层薄，一般<60cm，大多数为10～30cm，土层内含有较多的砾石、母岩碎片，土体呈明显的粗骨特征。自然植被多生长灌木草丛及疏林，覆盖度较小，表层有较弱的生物积累，当自然植被较好时，生物积累较强。剖面为A—（B）—C或A—C型，一般无剖面发育或发育极弱，薄土层以下即为基岩或母岩半风化物。发育于钙质岩残坡积物上的褐土性土有石灰反应，pH多呈弱碱性反应。发育于基性岩残坡积物上的褐土性土一般无石灰反应，pH呈中性反应，多分布在淋溶褐土的上部。

根据母岩不同将褐土性土划分为钙质岩残坡积褐土性土和基性岩残坡积褐土性土两个土属。

（1）钙质岩残坡积褐土性土土属（代号7₁） 面积65 949.96hm²，占土壤总面积的5.54%，占该亚类面积的76.33%。主要分布在临朐、青州、安丘等地的钙质岩类的山地丘陵中上部，在其他县市区也有小面积分布。母岩以石灰岩（俗称青石）为主，岩晶颗粒细密，较难风化，土层薄。根据土层厚度及表层质地该土属可划分为3个土种，见表2-21。

表 2 - 21　钙质岩残坡积褐土性土土种、面积及分布

土种名称	图上代号	面积 (hm²)	占土属 (%)	主要分布地
薄层砂质砾石土钙质岩残坡积褐土性土	7_{11}	26 135.42	39.63	临朐、青州、安丘
中层砂质砾石土钙质岩残坡积褐土性土	7_{12}	7 153.50	10.85	临朐、青州
薄层砾质壤土钙质岩残坡积褐土性土	7_{13}	32 661.04	49.52	临朐、安丘、青州、昌乐等

各土种以砾质壤土面积最大，为该土属的代表土种，其典型剖面如下：

0～20cm：灰褐色，重壤土，粒状结构，稍紧，多孔多根系，石灰反应强。

20～40cm：棕褐色，中壤土，夹大量母岩碎石，石灰反应强。

40cm 以下：石灰岩。

由剖面分析看，由于成土母质富含钙质，土壤中均含有大量的游离石灰，碳酸钙含量在 3% 以上，土壤呈微碱性反应。荒坡地植被较好，有一定的生物积累，有机质和全氮含量较高。而垦为耕地后，由于水土流失，有机质和全氮含量显著降低。大部分耕地土层浅薄，养分储量较低，开垦后肥力下降较快，尤其是缺速效磷，生产力低，应退耕还林。

（2）基性岩残坡积褐土性土土属（代号 7_2）　面积 20 449.53hm²，占土壤总面积的 1.72%，占该亚类面积的 23.67%。主要分布在安丘、昌乐、临朐等县市。成土母质主要为中性的安山岩和玄武岩的残坡积物。基性岩褐土性土性质与钙质岩褐土性土比较，主要差异是基性岩褐土性土一般碳酸钙含量很低，无石灰反应或者反应弱，pH 略低，为 7 左右，呈中性反应。潍坊市基性岩残坡积褐土性土为淋溶型，多与淋溶褐土亚类相伴分布。其他性质基本相似。

基性岩以玄武岩和安山岩为主，细粒物质较多，岩性松软，易于风化，风化程度较强，残坡积物一般较厚，含有较多细粒，土壤中黏粒含量较多，质地偏重，多为砾质中壤土，因而砾质壤土面积较大。由于侵蚀，大部分土壤中含有较多的风化石片和石块，一般砾石含量 10%～30% 之间，部分砾石含量大于 30%。根据土层厚度和质地划分为两个土种，见表 2 - 22。

表 2 - 22　基性岩残坡积褐土性土土种、面积及分布

土种名称	图上代号	面积 (hm²)	占土属 (%)	主要分布地
薄层砂质砾石土基性岩残坡积褐土性土	7_{21}	6 072.34	29.69	安丘、昌乐、临朐
薄层砾质壤土基性岩残坡积褐土性土	7_{22}	14 377.19	70.31	安丘、昌乐、临朐

其中薄层砾质壤土基性岩残坡积褐土性土为该土属的代表，其剖面形态如下：

0～25cm：黄褐色，中壤，粒状结构，松，多孔多根系，无石灰反应。

25cm 以下：母岩。

褐土性土分布地形部位高、坡度大，土壤侵蚀较重，土层浅薄，土壤肥力较低，干旱威胁大。目前除部分坡度较缓，土层较厚，含砾石少的已垦为岭坡梯田及人工林地外，大

部分褐土性土仍为生长灌丛和杂草的荒山岭地。由于受条件限制，垦为农田的褐土性土只种植抗旱作物，如甘薯、花生及小杂粮，产量水平低而不稳。今后应加强水土保持，对坡度大、侵蚀重的农田要退耕还林，发展林果生产。荒山岭地要大力植树造林，封山育林，提高植被覆盖度，治理日益严重的水土流失。

（三）砂姜黑土土类

砂姜黑土又称黑土、黑黏土、干勾土等，是一种具有"黑土层"和"砂姜层"的暗色土壤，是由草甸潜育化过程，经脱潜育过程和旱耕熟化过程形成的土壤类型。主要分布在高密、寿光、昌邑、诸城、安丘、青州等县市区。分布总面积为 124 607.85hm²，占土壤总面积的 10.47%，耕地 93 735.42hm²，占该土类的 75.22%。

砂姜黑土集中分布区气候温暖湿润或半湿润，年平均降水量约在 700mm 左右，年度降水分配不均，夏季 7、8、9 三个月降水占全年降水量的 65% 左右，全年水面蒸发量为 1 800~1 900mm，年均干燥系数为 1~1.1 之间。

砂姜黑土分布的地形为平坦低洼。潍坊市内砂姜黑土多分布于浅平洼地，槽状或蝶形洼地，地下水出流缓慢不畅，地下水埋藏深度较浅，近年来，由于干旱及开发地下水灌溉，地下水位下降。

自然植被主要以水生和喜湿植物为主，生长繁茂，在湿润的气候条件下，有机质积累比较强烈，为黑土层的形成和腐殖质的积累提供了物质基础。

砂姜黑土的成土母质为近代（第四纪以来）的湖沼相沉积物，含有较多的游离石灰。砂姜黑土区地形低洼，多为蝶形洼地，既是冲刷物质的沉积区，又是地下水中 Ca^{2+} 和 HCO_3^- 的富集区。同时，由于湿润的气候条件，上部钙质淋溶到下层，为砂姜层的形成提供了丰富的钙质基础。

在砂姜黑土分布区，由于地质作用，在黑土层上往往覆盖了 20~40cm 的黄土，形成了覆盖型砂姜黑土。

人类的长期耕种，对砂姜黑土的肥力演变产生了深刻的影响。潍坊市砂姜黑土区耕种历史久远，经过几千年的耕作及开沟排水、施肥等措施，使砂姜黑土经旱耕熟化过程，逐渐向高产土壤的方向发展，同时经长期耕种，耕层土壤颜色由黑变浅，质地由黏变轻，耕性变好。

砂姜黑土根据土体石灰性划分为砂姜黑土和石灰性砂姜黑土两个亚类，共 4 个土属，7 个土种，见表 2-23。

表 2-23　砂姜黑土各亚类及土属情况

亚类	土属	土壤面积（hm²）	占亚类（%）	占土壤总面积（%）	主要分布地	土种数量（个）
砂姜黑土	1. 黑土裸露砂姜黑土	90 303.80	89.00	7.58	高密、昌邑、安丘	3
	2. 黄土覆盖砂姜黑土	11 159.89	11.00	0.94	诸城、高密、昌邑	2
石灰性砂姜黑土	1. 黑土裸露石灰性砂姜黑土	1 435.11	6.20	0.12	寿光、青州	1
	2. 黄土覆盖石灰性砂姜黑土	21 709.05	93.80	1.82	寿光、青州	1

1. 砂姜黑土亚类（代号 8）　砂姜黑土即普通砂姜黑土，面积 101 463.69hm²，占土壤总面积的 8.52%，占该土类面积的 81.43%。主要分布在高密、昌邑、安丘、诸城等县市的浅平洼地和蝶形洼地上，在峡山、寒亭、青州、潍城也有分布。所处地势低洼，排水不畅，雨季容易发生明涝暗渍。

将砂姜黑土亚类 1.5m 土体的剖面划分为耕作层、黑土层（脱潜育化层）和砂姜层。其中黑土层（脱潜育化层）和砂姜层为砂姜黑土的诊断层。黑土层一般出现在耕层以下，少数出现在 30cm 以下；砂姜层一般出现在 70～80cm 以下，有覆盖层的，砂姜层出现部位较深。砂姜黑土母质为湖沼相沉积物，质地偏黏，多为中壤土—重壤土，质地上下均一。

砂姜黑土根据覆盖层有无，把该亚类划分为黑土裸露砂姜黑土和黄土覆盖砂姜黑土两个土属。

（1）黑土裸露砂姜黑土土属（代号 8_1）　面积 90 303.80hm²，占土壤总面积的 7.58%，占砂姜黑土亚类面积的 89.00%。高密、昌邑、安丘、诸城、峡山分布面积较大，在寒亭、青州、潍城也有小面积分布。黑土层较厚，一般在砂姜层以上通体为黑土层，厚度多在 50cm 以上。由于长期的耕作熟化过程，大多数剖面存在耕作层，其特点是：厚度一般在 15～20cm，土壤颜色较浅，多为灰黄色—黄褐色，质地多为轻壤—中壤质，部分为重壤质；其下部存在犁底层，较紧实；耕作层以下即为较厚黑土层，比较黏重，为中壤—轻黏土。耕作层和黑土层之间无明显的层理变化，颜色由浅逐渐向暗过渡。根据表层质地，黑土裸露砂姜黑土划分为 3 个土种，见表 2-24。

表 2-24　黑土裸露砂姜黑土土种、面积及分布

土种名称	图上代号	面积（hm²）	占土属（%）	主要分布地
轻壤质黑土裸露砂姜黑土	8_{11}	23 059.28	25.54	高密、昌邑、峡山
中壤质黑土裸露砂姜黑土	8_{12}	62 682.61	69.41	高密、昌邑、安丘、诸城、峡山、寒亭、潍城
重壤质黑土裸露砂姜黑土	8_{13}	4 561.91	5.05	安丘、诸城、青州

中壤质黑土裸露砂姜黑土土种面积最大，以其典型剖面为例，阐述如下：

剖面形态特征：

0～20cm：耕作层，灰褐色，中壤质，粒状结构，松，较多孔隙，根系多，无石灰反应。

20～65cm：黑土层，黑色，重壤质，块状结构，紧，少孔隙，根系较少，无石灰反应。

65～95cm：过渡层，中壤质，灰黄色，块状结构，铁子、锈斑较多，紧，少根少孔隙，有中度石灰反应，出潜水。

95～150cm：砂姜层，棕黄色，中壤质，块状结构，砂姜为面砂姜和核砂姜，核砂姜约占 30%左右，锈斑多，有灰蓝色条斑，石灰反应强，出水较多。

黑土裸露砂姜黑土质地偏黏，表层质地多为中壤—轻黏；黑土层黏重，质地多为中壤—重壤土，黏粒含量较高。土壤一般呈中性，pH 为 6.6～7.5，砂姜层 pH 较高。土壤

物理性状较差,储水供水能力低,易涝、不抗旱,土壤水分状况不良,耕性差。土壤有机质含量较高,土体深厚,土壤潜在肥力较高,但供肥性能较差。

(2) 黄土覆盖砂姜黑土土属(代号 8_2) 面积 11 159.89hm²,占土壤总面积的 0.94%,占砂姜黑土亚类面积的 11.00%,主要分布在诸城、高密和昌邑三市,峡山区有小面积分布。分布地形部位比黑土裸露砂姜黑土高,多位于近河流低平地或缓平坡地的坡脚。由于洪积冲积的影响,在黑土层之上覆盖了一层黄土状物质,厚度多为 20cm 以上,厚者达 50～60cm,质地多为轻壤,其次为中壤。黑土层层位较深,厚度不等,为棱块或棱柱状结构,耕性不良。黑土层结构体间空隙较大,漏水漏肥。黄土和黑土之间层理明显。耕层多为黄土覆盖层,质地适宜,耕性好,其性状优于黑土裸露砂姜黑土。根据表层质地将该土属划分为两个土种,见表 2-25。

表 2-25 黄土覆盖砂姜黑土土种、面积及分布

土种名称	图上代号	面积(hm²)	占土属(%)	主要分布地
轻壤质浅位黑土层黄土覆盖砂姜黑土	8_{21}	5 986.68	53.64	高密、昌邑、峡山、诸城
中壤质浅位黑土层黄土覆盖砂姜黑土	8_{22}	5 173.21	46.36	诸城、昌邑、高密

以轻壤质浅位黑土层黄土覆盖砂姜黑土为例,其剖面特征描述如下:

0～35cm:黄土覆盖层,褐色,轻壤,粒状结构,松,多孔多根系,无石灰反应。

35～73cm:黑土层,灰黑色,中壤,棱块状结构,紧,少孔少根系,无石灰反应。

73～95cm:过渡层,黄褐色,中壤,紧,少孔,无根,石灰反应弱。

95～150cm:砂姜层,黄色,中壤,核砂姜中量,有锈斑,紧,石灰反应强。

2. 石灰性砂姜黑土亚类(代号 9) 石灰性砂姜黑土面积 23 144.16hm²,占土壤总面积 1.94%,占砂姜黑土土类面积的 18.57%。主要分布于本市青州北部、寿光西南部的交接洼地上,在寿光境内的个别蝶形洼地也有分布。

石灰性砂姜黑土和砂姜黑土的主要区别是石灰性砂姜黑土全剖面有较强的石灰反应,特别是表层和黑土层,均有较强的石灰性,碳酸钙含量较高,而砂姜黑土耕层和黑土层一般无石灰性或只有较弱的石灰性,碳酸钙含量较低,但二者剖面均有淋溶淀积现象。

石灰性砂姜黑土多分布在流经钙质岩区河流下游的低平地或洼地上,成土母质多为富钙质的河湖相沉积物,土壤的强石灰性主要是由成土母质的强石灰性所致。

该亚类在本市有两个土属,即黑土裸露石灰性砂姜黑土和黄土覆盖石灰性砂姜黑土,分述如下:

(1) 黑土裸露石灰性砂姜黑土土属(代号 9_1) 该土属面积仅 1 435.11hm²,占土壤总面积的 0.12%,占该亚类面积的 6.20%。主要分布在青州市和寿光市境内的蝶形洼地。该土属在本市只有一个土种,即中壤质黑土裸露石灰性砂姜黑土(代号 9_{11})。

剖面形态特征:

0～20cm:耕层,浅褐色,中壤质,颗粒状结构,松,多孔多根系,蚯蚓穴,有砖石等侵入体,石灰反应强。

20～90cm:黑土层,黑褐色,重壤质,核块状结构,铁锰结核较多,紧,孔隙少,

石灰反应强。

90～150cm：砂姜层，灰黄色夹灰白色，轻黏块状结构，核砂姜较多，锈斑较多，紧实，石灰反应强。

（2）黄土覆盖石灰性砂姜黑土土属（代号9_2）　该土属面积21 709.05hm²，占土壤总面积的1.82％，占石灰性砂姜黑土亚类面积的93.80％，主要分布在青州市东北和寿光市西部交界处的低平洼地，母质为湖沼相静水沉积物，质地黏重，上部覆盖了富钙的黄土状河流沉积物，厚度在20～60cm不等。母质来源为弥河的钙质岩区冲积物，富含石灰，形成通体为强石灰性的石灰性砂姜黑土。

该土属只有一个土种，即中壤质浅位黑土层黄土覆盖石灰性砂姜黑土（代号9_{21}）。剖面形态特征：

0～23cm：黄土覆盖层，褐色，中壤质，粒状结构，较疏松，多孔多根，石灰反应强。

23～76cm：黑土层，黑色重壤土，棱块状结构，下部有少量砂姜，紧，较多孔隙和根系，石灰反应强。

76～120cm：砂姜层灰褐色，中壤土，块状结构，锈斑中量，砂姜较多，紧，少孔少根，石灰反应强。

120～150cm：母质层，黄色，轻壤土，锈斑较多，较紧，石灰反应强。

黄土覆盖石灰性砂姜黑土和黄土覆盖砂姜黑土相似，有机质和氮、磷养分含量均不高。质地黏重，土壤板结紧实，容重大，土壤水分状况不良，水、肥、气、热不协调，耕性差，肥力一般。

砂姜黑土由于土壤本身诸多的不良性状，致使大部分农业生产水平较低，产量低而不稳，经不断改善生产条件和长期耕种熟化，大部分已变成高产田。

（四）潮土土类

潮土（以前叫浅色草甸土）在全市分布广泛，各县市区均有分布，其中昌邑、寿光、诸城、高密、寒亭、安丘、青州等县市区分布面积较大。潮土总面积为277 416.39hm²，占土壤总面积的23.30％。耕地面积185 326.60hm²，占土类面积的66.80％。

潮土主要分布在弥河、白浪河、潍河和胶莱河及其下游水域沿岸，地形平坦、开阔，微有起伏，地面坡降很小，一般不超过千分之一。低平地坡降更小，多在三千分之一至五千分之一。地貌的变化对潮土影响较大。在相对较高处，多分布着脱潮土；在低平地和局部的蝶形洼地，多分布着湿潮土；在开阔的平地，则多分布着河潮土。

潮土的成土母质为河流沉积物，土层深厚，一般都具有鲜明的沉积层理，母质质地为砂质土—重壤土。沉积母质的性质直接影响到潮土的形成过程和特性。潮土成土母质主要有两个来源：一为弥河沉积物，其来源为上游的钙质岩（石灰岩为主）风化物，富含钙质，有强石灰性（白浪河沉积物也属这一类），形成了石灰性河潮土；二为潍河和胶莱河沉积物，其来源为上游的花岗岩、片麻岩及其他非钙质岩类风化物，无石灰性反应，形成了非石灰性河潮土。沉积母质颗粒粗细不同，形成了砂质河潮土和壤质河潮土。

在历史上，弥河、白浪河、潍河和胶莱河等水系对潮土区地下水都有显著的补给作用，同时地下径流集中，由于地形平缓，地下水出流滞缓，潜水埋深较浅，地下水直接参与成土过程。地下水矿化度多在 0.5~2g/L，水质多为钙镁质重碳酸盐型。在盐化潮土区地下水的矿化度均超过 2g/L。

潮土的自然植被一般为杂草类草甸，现已全部耕垦，但自然植被仍以田间杂草出现，主要有苍耳、灰菜、水稗、芦苇、马塘、水蒿、三棱草、薹草、车前、茅草、曲曲菜、水蓼等。这些植物反映了潮土土壤水分状况的潮化特点。

潮土在潮化过程的基础上，不同的亚类具有各自的附加成土过程，根据形成特点（附加成土过程）、形态特征、母质特性等，把潮土划分为潮土亚类、湿潮土亚类、脱潮土亚类和盐化潮土亚类 4 个亚类，共 11 个土属，32 个土种，见表 2-26。

表 2-26　潮土各亚类及土属情况

亚类	土属	土壤面积 (hm²)	占亚类 (%)	占土壤总面积 (%)	主要分布地	土种数量 (个)
潮土	1. 砂质河潮土	24 924.55	13.80	2.09	高密、昌邑、诸城	3
	2. 壤质河潮土	115 714.49	64.05	9.72	昌邑、诸城、安丘	5
	3. 砂质石灰性河潮土	4 288.52	2.37	0.36	寿光、青州	1
	4. 壤质石灰性河潮土	35 725.43	19.78	3.00	寿光、寒亭、昌邑	6
湿潮土	1. 壤质冲积湿潮土	20 086.58	61.89	1.69	青州、昌邑、寿光	1
	2. 黏质冲积湿潮土	6 693.81	20.62	0.56	寒亭、昌邑、青州	1
	3. 黏质湖积湿潮土	5 677.43	17.49	0.48	寿光、寒亭	1
脱潮土	1. 砂质脱潮土	3 830.14	20.79	0.32	昌邑、寒亭	1
	2. 壤质脱潮土	14 590.05	79.21	1.23	寿光、寒亭、青州	2
盐化潮土	1. 砂质氯化物滨海盐化潮土	1 061.31	2.31	0.09	昌邑	1
	2. 壤质氯化物滨海盐化潮土	44 824.08	97.69	3.76	寿光、寒亭、昌邑	10

1. 潮土亚类（代号 10）　潮土亚类共有 180 652.99hm²，占土壤总面积的 15.17%，占土类面积的 65.12%。该亚类在全市分布广泛，各县市区均有分布，其中以昌邑、寿光、诸城、高密、安丘、寒亭等市区分布面积较大。主要分布在河流的冲积平原，山丘之间河流流经的盆状谷地也有分布，弥河、白浪河、潍河及胶莱河等主要河流及其支流的沿岸均有分布。由于母质多为河流冲积物，故为河潮土。潮土母质来源一为无石灰性河流沉积物，所形成的土壤无石灰反应，pH 一般在 7.0 左右；二为石灰性河流沉积物，所形成的土壤通体有较强的石灰反应，pH 一般在 7.5~7.9。潮土亚类分布区地下水矿化度较低，一般在 0.5~1.0g/L 之间。由于受地下水升降的影响，在土体的不同深度出现锈斑锈纹及铁锰结核。

潮土亚类为潮土的典型亚类，形成特点和形态基本同土类。根据母质沉积类型和特性，将该亚类划分为砂质河潮土、壤质河潮土、砂质石灰性河潮土、壤质石灰性河潮土 4 个土属。

（1）**砂质河潮土土属**（代号 10₁）　砂质河潮土，群众俗称河砂土、砂土，总面积

24 924.55hm²，占土壤总面积的 2.09%，占潮土亚类面积的 13.80%。主要分布于河流两岸，地形微高倾斜，为主流沉积母质发育而成。砂质河潮土分布地略有起伏，主要分布在潍河和胶莱河及其支流沿岸。其中以高密、昌邑、诸城分布面积较大，其次是临朐、昌乐、峡山、安丘、坊子等县市区。

砂质河潮土只有小面积土体内夹有壤质土层，大部分全剖面为砂土或砂壤土，黏粒含量很低，颗粒粗，以砂粒为主，透水性强，毛管作用弱，土壤含水量少。同时由于砂质沉积物本身铁素含量少，故土体内铁锰的移动和聚集物均不显著，潮化发育较弱，因此，土体内锈纹锈斑较少，仅在底土层形成少量锈纹锈斑。根据质地和土体构型，将砂质河潮土划分为 3 个土种，见表 2-27。

表 2-27　砂质河潮土土种、面积及分布

土种名称	图上代号	面积 （hm²）	占土属 （%）	主要分布地
砂均质河潮土	10_{11}	7 710.43	30.93	昌邑、诸城、高密
砂壤均质河潮土	10_{12}	16 255.31	65.22	高密、临朐、昌乐
砂壤质蒙银型河潮土	10_{13}	958.81	3.85	高密

砂壤均质河潮土为该土属的代表土种，其剖面特征如下：

0～20cm：棕黄色，砂壤土，结构不明显，松，多孔隙，有较多的动物穴，无石灰反应。

20～55cm：黄棕色，砂壤土，结构不明显，锈斑（＋＋），较紧，少根，孔隙少，无石灰反应。

55cm 以下：黄色，砂质土，无结构，锈斑（＋＋），松，无石灰反应。

砂均质蒙银型河潮土面积较小，但土体构型较好，群众称为蒙金黄砂土。其剖面形态特征如下：

0～20cm：浅黄色砂壤土，松，根系多，无石灰反应，pH7.0。

20～60cm：黄色，轻壤，较松，根系中量，有锈斑，无石灰反应，pH7.4。

60～150cm：灰色，中壤，棱块状结构，紧，无石灰反应，有锈斑，pH7.4。

砂质河潮土养分很贫乏，土壤物理性状不良，砂性大，毛管力弱，地下水补给能力低，有效水储量小。漏水漏肥，易受干旱威胁，风蚀严重。因此，砂、薄、旱、风蚀是砂质河潮土的主要问题。砂质河潮土适宜耐砂、耐旱、耐瘠薄作物，多种植花生、甘薯、果树等，现仍有一定面积的砂荒地有待开发利用。如在土体中夹有壤土层，即蒙银型土体构型可起到托肥托水作用，土壤肥力显著提高，但这类土壤面积较小。

（2）壤质河潮土土属（代号 10_2）　总面积 115 714.49hm²，占土壤总面积的 9.72%，占亚类面积的 64.05%。主要分布在昌邑、诸城、安丘、高密，坊子、昌乐、峡山、寒亭等县区也有分布。由于所处位置离河道较远，地形平坦，开阔，起伏不大，坡降小，壤质河潮土的成土母质为河流缓流沉积物。质地多为轻壤至中壤质，在部分小洼地为重壤土。是潮土中分布面积最广，最有代表性的土壤，群众统称为二合土、二性土等。由于质地适中，毛管力较强，所处的地下水含量丰富，地下水作用强烈，潮化作用明显，特别是心土

层和底土层的水热状况和毛管状况良好，地下水升降活跃，土体中氧化还原过程亦较强，同时土壤中铁的活性大，铁和锰的移动淀积明显，所以在土体的中下部比砂质河潮土有较多的锈纹锈斑，并有铁锰结核等。根据质地和土体构型，将该土属划分为5个土种，见表2-28。

表 2-28　壤质河潮土土种、面积及分布

土种名称	图上代号	面积（hm²）	占土属（%）	主要分布地
轻壤均质河潮土	10_{21}	68 115.90	58.86	诸城、昌邑、安丘、高密
轻壤质夹砂型河潮土	10_{22}	7 134.96	6.17	昌邑、高密、诸城
轻壤质蒙金型河潮土	10_{23}	6 604.62	5.71	高密、昌邑、安丘
中壤均质河潮土	10_{24}	16 578.13	14.33	昌邑、安丘、昌乐、诸城
中壤质蒙淤型河潮土	10_{25}	17 280.88	14.93	昌邑、安丘、高密、寒亭

各土种以轻壤均质河潮土面积最大，分布广泛，以蒙金型为最佳土体构型。轻壤均质河潮土典型剖面特征如下：

0～20cm：表层，黄褐色，轻壤，粒状，松，多孔隙，多根系，有较多的动物穴，少量砖块，无石灰反应。

20～41cm：心土层，褐色，轻壤，粒状夹小块状结构，较松，多孔隙，根系较多，砖块，无石灰反应。

41～90cm：腰土层，褐色，砂壤，结构不明显，有锈斑，较紧，少根，少孔隙，无石灰反应。

90～150cm：底土层，棕褐色，轻壤，结构不明显，有较多锈斑，紧，无石灰反应。

壤质河潮土多数通体无石灰性，土壤中性至微酸性，pH 一般为 6.3～7.2。质地适中，为轻壤—中壤。土壤质地砂黏适中，土层疏松，孔隙较多，保水供水能力强，土体内水、肥、气、热等因素协调，肥力水平较高，为高产土壤之一。

（3）砂质石灰性河潮土土属（代号 10_3）　总面积 4 288.52hm²，占土壤总面积的 0.36%，占潮土亚类面积的 2.37%。主要分布在寿光、青州及临朐县弥河两岸河滩，为河流主流沉积而成。母质来源为河流上游以石灰岩为主的钙质岩分化物，被河水携带沉积而成。

砂质石灰性河潮土和砂质河潮土（无石灰性）的主要区别是土体内石灰性有无或强弱，即碳酸钙含量不同。砂质石灰性河潮土碳酸钙含量通体均高，石灰反应强烈，土壤呈弱碱性反应，pH＞7.5。

砂质石灰性河潮土一般距离河道较近，基本沿河流呈带状分布，相对地形较高，多为砂壤土或砂土。

砂质石灰性河潮土只有一个土种，即砂均质石灰性河潮土。除土体内石灰性强外，其剖面形态特征和理化性状基本同砂质河潮土，利用状况也相似，不再叙述。

（4）壤质石灰性河潮土土属（代号 10_4）　总面积 35 725.43hm²，占土壤总面积的 3.00%，占潮土亚类面积的 19.78%。主要分布在寿光的弥河沿岸及下游较低洼部位和寒

亭区白浪河两侧开阔平地，另外在昌邑、高密的河流沿岸也有带状分布。胶莱河岸石灰性河潮土多发育在钙质岩类的河流沉积物上，地处低平地，土壤中的石灰性是由水积聚而成。壤质石灰性河潮土多位于砂质石灰性河潮土下部，和壤质河潮土相似，为漫游沉积，质地多为轻壤—中壤土，群众称为"两合土"。

壤质石灰性河潮土和壤质河潮土的主要区别是土壤内碳酸钙含量不同，石灰性河潮土通体含碳酸钙均高，石灰反应强烈，pH均高于壤质河潮土。

壤质石灰性河潮土母质沉积层理明显，土体有均质和砂、黏互层，相应发育成不同土体构型的石灰性河潮土，其形态特征及肥力水平亦有明显区别。根据质地和土体构型，将该土属划分为6个土种，见表2-29。

表2-29 壤质石灰性河潮土土种、面积及分布

土种名称	图上代号	面积（hm²）	占土属（%）	主要分布地
轻壤均质石灰性河潮土	10_{41}	10 411.20	29.14	寿光、寒亭、昌邑、高密
轻壤质夹砂型石灰性河潮土	10_{42}	502.78	1.41	寿光、寒亭
轻壤质蒙金型石灰性河潮土	10_{43}	1 969.10	5.51	寿光、寒亭
中壤均质石灰性河潮土	10_{44}	14 033.55	39.28	寿光、寒亭
中壤质蒙淤型石灰性河潮土	10_{45}	6 506.84	18.22	寿光、青州
中壤质蒙金型石灰性河潮土	10_{46}	2 301.96	6.44	寿光、寒亭

各土种以壤均质石灰性河潮土面积最大，占土属面积68.42%；其中以蒙金型为理想土体构型，但面积小，仅占11.95%；蒙淤型由于夹黏层位较浅，阻碍根系下扎，为障碍层次，面积占18.22%；夹砂型漏水漏肥。

中壤均质石灰性河潮土典型剖面特征如下：

0～20cm：表土层，深褐色，中壤质，粒状结构，松，多孔隙，多根系，有较多的动物穴、较多的瓦块等侵入体，石灰反应强。

20～50cm：心土层，褐色，中壤质，块状结构，稍紧，多孔多根系，石灰反应强。

50～110cm：黄褐色，轻壤，块状结构，较松，少孔少根系，强石灰反应。

110～150cm：浅褐色，轻壤，结构不明显，锈纹锈斑较多，较松，少孔，石灰反应强。

壤质石灰性河潮土表层为轻壤—中壤土，发生层次具有潮土的典型特征。母质多为石灰岩为主的钙质岩类风化物沉积而成，质地颗粒较细。通体石灰反应强烈，$CaCO_3$含量通体较高，明显高于壤质河潮土。土壤呈中性至弱碱性反应，pH多为7.0～7.9。物理性状良好，土壤较疏松，储水能力强，水、肥、气、热较协调。

2. 湿潮土亚类（代号11） 总面积32 457.82hm²，占土壤总面积2.73%，占潮土土类面积的11.70%。主要分布在寿光市的台头、纪台、稻田和洛城等镇（街道）的蝶形洼地，青州市北部低洼地，昌邑市和寒亭区的沿河槽状和蝶形洼地等。

湿潮土所处地形多为封闭洼地，排水不良，常年有不同程度的季节性积水，在过湿条

件下，植被多为湿生杂草，有芦苇、蒲草、三棱草等。湿潮土成土条件主要是低洼过湿，在成土过程中地下水和地上水兼有，在地下水的潮化过程基础上，附加潜育化（沼泽化）过程。其潮化过程和潜育化过程比潮土亚类强得多。锈纹锈斑出现层位较高，多在心土层，有的全剖面均有锈纹锈斑，越往下越多，约在 70～100cm 接近地下水处出现明显的潜育层。

湿潮土具有明显的发育层段，表土层为腐殖质层，腐殖化作用较强，有机质含量一般高于潮土亚类。耕垦后即为耕层，一般厚 15～20cm，由于耕作熟化，腐殖质矿化消耗，多为褐色或灰褐色，耕作历史愈久，颜色愈浅。质地多为中壤土—重壤土。心土层可见较多的锈纹锈斑，越往下越多，并有铁锰结核，质地多为重壤—轻黏土。底土层为灰白色或灰蓝色的潜育层，有的剖面心土层以下为埋藏腐泥层或夹有砂姜。质地多为黏质土。

湿潮土母质多为冲积沉积物，部分为湖相沉积物，主要是漫流沉积和静水沉积，剖面质地较均一，上下基本一致，夹层较少，质地剖面分异不显著，质地为中壤—黏质土。

湿潮土根据母质类型划分为 3 个土属，即为壤质冲积湿潮土、黏质冲积湿潮土和黏质湖积湿潮土。分述如下：

（1）壤质冲积湿潮土土属（代号 11_1） 面积 20 086.58hm²，占土壤总面积的 1.69％，占湿潮土亚类的 61.89％。主要分布在青州、昌邑市，在寿光、寒亭等市区也有分布。多分布在沿河洼地和平原区的蝶形洼地，母质为河流冲积物，以河流静水沉积为主，质地较黏重，剖面沉积层次明显，表层多为中壤质，心土层以下为重壤—黏质土。

该土属只有一个土种，为中壤质蒙金型冲积湿潮土，代号为 11_{11}，其剖面特征如下：

0～20cm：黄棕色，中壤质，小块状结构，较松，多孔多根系，动物穴较多，石灰反应弱。

20～55cm：黑棕色，中壤质，块状结构，可见锈纹锈斑，紧，较多孔隙和根系，无石灰反应。

55～125cm：黑色，重壤质，块状结构，较多锈纹锈斑，紧，石灰反应弱。

125～150cm：灰蓝色，中壤质，灰蓝色中有锈纹锈斑，石灰反应弱。

壤质冲积湿潮土表层质地多为中壤质，心土层以下黏重，多为重壤土—黏质土。由于沉积母质性质差异，所形成的土壤具有不同的石灰性。非石灰性岩石风化物沉积母质形成的壤质冲积湿潮土石灰反应很弱；相反，石灰岩风化物沉积母质形成的湿潮土，土壤呈强石灰性，pH 略高。

（2）黏质冲积湿潮土土属（代号 11_2） 总面积 6 693.81hm²，占土壤总面积 0.56％，占湿潮土亚类面积的 20.62％，主要分布于寒亭、昌邑、青州等地蝶形和槽状洼地，分布地形部位比壤质冲积湿潮土更低，排水条件更差。母质为河流静水沉积物，剖面沉积质地层次不如壤质冲积湿潮土明显。由于积水时间更长，地下水位更浅，局部洼地底部地下水常年出露地表，所以其潜育化过程更加强烈，潜育层部位更高，土体内氧化过程更弱，锈斑锈纹层位更高。

黏质冲积湿潮土土属只包含黏均质冲积湿潮土一个土种，代号为 11_{21}，其剖面形态特征如下：

0～19cm：褐色，中黏质土，似粒状结构，较松，多孔隙和根系，石灰反应强。

19～29cm：灰褐色，重黏土，粒状＋小块状结构，稍松，多根系，多孔隙，可见锈纹，石灰反应强。

29～96cm：棕褐色，下部夹有灰白条纹重黏土，块状结构，锈纹锈斑稍多，多分布50cm上下，下部明显减少，紧实，少根少孔隙，石灰反应强。

96～114cm：灰黑色灰色，黏质土，块状结构，可见贝壳，石灰反应强。

114～150cm：青灰色，黏质土，块状结构，夹有砂姜，石灰反应强。

该土属质地通体均为黏质土，上下比较均一，黏粒含量均高。土壤呈微碱性至碱性反应，pH7.5～7.8。因母质不同，石灰性不同，有的剖面具有强石灰反应，有的剖面通体无石灰性反应。通透性极差，渍水过湿，物理性状不良，耕性很差，干时板结，湿时黏重；土壤水分性状较差，不抗旱不抗涝，今后应排水改良，发挥其增产潜力。

（3）黏质湖积湿潮土土属（代号 11_3） 面积 5 677.43hm²，占土壤总面积的 0.48％，占湿潮土亚类的 17.49％，该土属集中分布在寿光市羊口、台头、稻田等镇街，在寒亭区高里街道、潍城区于河街道也有小面积分布。该土壤多分布在封闭洼地，排水很困难，多为汇集水处，季节性积水，母质为湖湘沉积物。该土属的剖面特征基本与黏质冲积湿潮土相似。

黏质湖积湿潮土只有一个土种，即为黏均质湖积湿潮土，代号 11_{31}，其剖面形态特征如下：

0～8cm：腐殖质层，暗灰色，重壤土，粒状结构，根系极多，石灰反应强。

8～30cm：灰棕色，重壤土，粒状结构，有锈纹锈斑，根系多，石灰反应强。

30～150cm：灰白色/灰蓝色，重壤土，结构不明显，苇根较多，石灰反应强，于95cm处出潜水。

该土壤质地颇黏重，剖面质地较均一，多为重壤土，黏粒含量较高。土壤湿时黏汸，干时板结坚硬，耕性极差。该土壤在洼地边缘较高部位，通过挖沟排水，大部分垦为耕地。

湿潮土面积不大，主要分布在平原区内浅平洼地和蝶形封闭洼地，目前大部分湿潮土垦为农田，这种土壤潜在肥力较高，但明显存在湿、凉、黏、紧等不利因素，由于地形低洼，排水不畅，加上地下水较浅，丰水年长时间积水，常年季节性积水和渍水过湿，土壤质地黏重，土壤发凉。表土层以下都很紧密，通透性极其不良。因此，土壤内部有水、肥、气、热不协调的问题，限制了潜在肥力的发挥。今后应防止涝害，改良黏性，改善物理性状，发挥潜在肥力。这种土壤适宜性比较广，宜种植小麦、玉米、棉花等粮食作物和经济作物。

3. 脱潮土亚类（代号 12） 脱潮土即为以前的褐土化潮土，总面积 18 420.19hm²，占土壤总面积的 1.55％，占潮土土类面积的 6.64％。主要分布在寒亭、寿光、昌邑和青州等市区的冲积平原地形部位较高的地段，母质为河流沉积物。近几年由于干旱和地下水过度开发利用，地下水位明显下降，土体中呈明显脱潮化趋势。

脱潮土区植被多为旱湿混生草甸，土体较潮土亚类偏干旱。脱潮土的成土过程仍以潮化为主，附加有褐土化过程，是半水成土壤。土体内锈纹锈斑层位比潮土亚类低，一般在1m以下层位有锈纹锈斑和铁子，但数量较少。黏化过程较弱，一般在心土层以下有轻微的黏化。呈浅棕色，碳酸钙有轻度淋洗。有的剖面在心土层可见少量假菌丝体，质地以砂壤—中壤土为主，土体构型多为均质。

根据母质沉积类型，将脱潮土划分为两个土属，即砂质脱潮土和壤质脱潮土。

（1）砂质脱潮土土属（代号 12_1） 面积共 3 830.14hm²，占土壤总面积的 0.32%，占脱潮土亚类面积的 20.79%。主要分布在昌邑市潍河和寒亭区白浪河沿岸的高滩地，地形为倾斜地，一般离河道较近，冲积母质较粗，以砂—砂壤土为主，由于干旱，河中无水，地下水补给断源，水位下降明显。土体中水分含量比潮土少，呈明显的脱潮化趋势。

该土属只有一个土种，即为砂均质脱潮土，代号为 12_{11}，其剖面形态特征如下：

0～20cm：黄褐色，砂壤土，结构不明显，松，较多孔隙，多根系、蚯蚓穴，无石灰反应，pH6.5。

20～120cm：黄褐色，紧砂，无结构，较松，孔隙和根系均少，无石灰反应，pH6.5。

120～150cm：棕黄色，轻壤偏砂，块状结构，可见少量锈纹锈斑，孔隙多，根少，石灰反应较强，pH6.5。

土壤质地以砂质—砂壤土为主，剖面质地构型均质。颗粒中、粗砂含量高，黏粒含量极低；土壤结构性差，但耕性好，易耕作，通透性强，保水保肥性差。但土壤热，发小苗，由于后劲差不发老苗，在利用上应改良砂性，增施有机肥，配方施肥。宜种植花生、甘薯等作物。

（2）壤质脱潮土土属（代号 12_2） 面积 14 590.05hm²，占土壤总面积的 1.23%，占脱潮土亚类面积的 79.21%。主要分布于寒亭区的白浪河、昌邑市的潍河沿岸冲积扇的倾斜平地，及寿光市、青州市潮土区的平原较高部位，地下水埋藏较深，排水较好。

壤质脱潮土有其地域性差别，主要表现在质地上，分布在昌邑、寒亭河流两岸的脱潮土以轻壤为主，一般无石灰性或弱石灰性，而寿光、青州两市的脱潮土则以中壤土为主，石灰性较强，这是两地冲积母质性质差异所致。壤质脱潮土依质地划分为两个土种，见表2-30。

表2-30　壤质脱潮土土种、面积及分布

土种名称	图上代号	面积（hm²）	占土属（%）	主要分布地
轻壤均质脱潮土	12_{21}	7 254.36	49.72	寒亭、昌邑、青州
中壤均质脱潮土	12_{22}	7 335.69	50.28	寿光、青州、寒亭

轻壤均质脱潮土土种的剖面特征如下：

0～20cm：褐棕色，轻壤，粒状，松，多孔多根系，无石灰反应。

20～50cm：黄棕色，轻壤，块状，稍紧，多孔多根系，无石灰反应。

50～115cm：棕黄色，轻壤，块状，稍紧，少根少孔隙，石灰反应较强。

115～150cm：褐色，中壤，块状结构，锈纹锈斑较多，在结构上有不明显胶膜，紧，无石灰反应。

该土属质地为轻壤—中壤土，剖面质地为均壤质。土壤呈中性反应，pH6.9～7.4。

脱潮土多已垦为耕地，由于地形平坦，井灌条件较好，地下水水质好，基本上没有洪、涝、盐等威胁，多数质地适宜，均质，无不良层次，土壤生产性状良好，是高产稳产的土壤之一。与潮土相比肥力不足，生产水平稍低，今后应增施有机肥，科学施肥。

4. 盐化潮土亚类（代号 13）　面积 45 885.39hm²，占土壤总面积的 3.85%，占潮土土类面积的 16.54%。主要分布于潍坊市北部的寿光、寒亭及昌邑北部近海平原，多分布在低平地、浅平洼地边缘或缓平坡地的下部和洼地地带。盐化潮土亚类是潮化附加盐化过程的土壤，它是潮土和盐土的过渡地带，由于离海岸较近，地势低洼，历史上曾受海水浸渍，目前不再受海水侵袭，但土壤中仍有盐渍母质的残留盐分。地下水埋藏浅，一般在 1.5~2.0m（近几年由于干旱有所降低），矿化度较高，多在 2~5g/L，高者达 10g/L 以上，在干旱季节对土壤积盐也有影响。母质多为冲积和海相沉积物，一般上部为冲积物覆盖，下部为海相沉积物。表层质地为轻壤—中壤土，部分为砂壤土。土壤含盐量较高，一般高于 0.1%，地面常见盐霜或盐斑，春季干旱时盐斑更严重。普遍特点是表层含盐量高于亚表层，盐分组成以 Cl^- 和 Na^+（K^+）为主，Cl^-/SO_4^{2-} 比值>1。多数剖面无 CO_3^{2-}。

盐化潮土是滨海潮盐土和潮土亚类的过渡地带，土壤 0~20cm 含盐量为 0.1%~0.5%之间，盐化潮土大体平行于滨海潮盐土分布，由盐土向潮土方向过渡，其土壤含盐量和地下水矿化度递减。盐化潮土的形成特征基本同潮土亚类，剖面中部或下部土层有锈纹锈斑形成，剖面沉积层理明显，砂黏夹层和均质均有分布。根据母质沉积类型，将盐化潮土亚类划分为砂质盐化潮土和壤质盐化潮土两个土属。

（1）砂质氯化物滨海盐化潮土土属（代号 13₁）　面积 1 061.31hm²，占土壤总面积的 0.09%，占盐化潮土亚类面积的 2.31%。只分布在昌邑市卜庄镇北部，表层质地为砂壤土，该土属只有一个土种，即为砂均质中度氯化物滨海盐化潮土，代号为 13₁₁，其剖面特征如下：

0~5cm：灰褐色，砂壤土，无结构，松，多孔隙，多根系，石灰反应中度。

5~40cm：黄褐色，砂壤土，结构不明显，松，较多根系和孔隙，少量虫孔，石灰反应中度。

40~150cm：浅黄色，紧砂，无结构，较紧，有少量根系，40~80cm 层段有零星砂姜粒，100cm 以下有锈斑，有 2~3cm 的贝壳层。

质地砂壤—砂质，土壤砂性大，通透性强，易耕作，由于通体砂质，土壤保肥保水性能差，无后劲。

土壤盐分含量表层高，往下逐渐减少，一般属中度盐化。可溶盐分以氯化物为主，主要是氯化钠和氯化钾。

该土壤部分已垦为农田，主要不利因素是土壤砂性大，肥力低，特别是有机质和氮、磷养分供给量低，潜在肥力不足，无后劲，并有较重的盐害。今后利用方面应着重改良盐害，改良砂性，增施有机肥，提高有机质含量，合理增施氮、磷化肥，防止养分流失，合理种植，提高生产水平。

（2）壤质氯化物滨海盐化潮土土属（代号 13₂）　面积为 44 824.08hm²，占土壤总面积的 3.76%，占盐化潮土亚类面积的 97.69%。在潍北三市区（寿光、寒亭、昌邑）均有分布，分布面积大、广泛，多分布在滨海潮盐土以南，潮土亚类以北。母质类型多为在海相沉积物上覆盖河流冲积物。地下水位较浅，常年多在 1.5m 左右，矿化度明显比潮土亚类高，由于海相沉积物的残留盐分较高，同时又因地下水的毛管蒸腾，使土体上部含盐量较高，一般在 0.1% 以上，邻近盐土的盐化潮土土壤含盐量更高，多在 0.3%～0.5%。壤质盐化潮土分布在河流下游开阔的低平地，由于不同时期冲积物的分选结果，母质沉积层次非常明显，使土体构型较复杂，夹砂夹黏和均质土体均广泛存在。根据土体构型、表层质地和盐化程度，将壤质盐化潮土划分出 10 个土种，见表 2 - 31。

表 2 - 31　壤质氯化物滨海盐化潮土土种、面积及分布

土种名称	图上代号	面积（hm²）	占土属（%）	主要分布地
轻壤均质轻盐化氯化物滨海盐化潮土	13_{21}	2 669.67	5.95	寿光、寒亭
轻壤均质中盐化氯化物滨海盐化潮土	13_{22}	2 877.17	6.42	昌邑、寿光、寒亭
轻壤质夹砂型轻盐化氯化物滨海盐化潮土	13_{23}	1 911.05	4.26	寿光、寒亭
轻壤质夹砂型中盐化氯化物滨海盐化潮土	13_{24}	5 417.50	12.09	昌邑、寒亭
轻壤质夹黏型轻盐化氯化物滨海盐化潮土	13_{25}	522.51	1.17	寿光
轻壤质夹黏型中盐化氯化物滨海盐化潮土	13_{26}	1 156.50	2.58	昌邑
中壤均质轻盐化氯化物滨海盐化潮土	13_{27}	6 656.90	14.85	寿光、昌邑、寒亭
中壤均质中盐化氯化物滨海盐化潮土	13_{28}	2 126.03	4.74	寿光、昌邑
中壤质夹黏型轻盐化氯化物滨海盐化潮土	13_{210}	11 519.49	25.70	寿光、昌邑、寒亭
中壤质夹黏型中盐化氯化物滨海盐化潮土	13_{211}	9 967.26	22.24	寿光、寒亭

其中中壤质夹黏型盐化潮土面积最大、分布广泛，占该土属面积的 47.94%，为代表土种，其剖面特征如下：

0～20cm：灰褐色，中壤土，小块状结构，湿润，疏松，多孔隙和根系，石灰反应弱。

20～60cm：灰黑色，重壤土，块状，紧实，少根少孔，石灰反应弱。

60～100cm：浅灰白色，砂壤质，粉块状，湿，较松，锈纹锈斑较多，有少量潜育斑纹，石灰反应强。

100～150cm：黄白夹灰蓝，砂质，单粒状结构，较松散，少孔隙，多锈纹锈斑、潜育斑纹，石灰反应强。

壤质盐化潮土表层质地为轻壤和中壤土，质地适宜，毛管孔隙发达，毛管作用强烈，利于土壤盐分上移、积聚。壤质盐化潮土有机质和全氮含量均不高，全钾含量较丰富，速效养分以速效钾含量丰富。土壤呈中性和微碱性反应，pH7.1～7.9。通体含盐量较高，多在 0.1% 以上，且从剖面分布看，表层较高，心土层较低，而底土层多数高于心土层，多数剖面在 0～70cm 层位以下盐分含量明显增高，这说明在冲积物覆盖下是海相沉积物。从盐分组成看，以氯化物为主。地下水矿化度较高，一般在 2～10g/L。

春秋干旱季节表土积盐，保苗性差，常出现缺苗断垄现象，应采取工程、农艺、生物等措施进行改良。

盐化潮土是历史上海水浸渍积盐过程形成的盐土经较长期的生草脱盐和旱耕脱盐等脱

盐过程形成的。在良好的耕作条件下，现仍在继续脱盐，因此，盐化潮土的界限不断北移，部分盐化潮土脱盐以后演变成潮土。

不同土体构型对水盐运行的影响具有明显差异，壤均质型（轻壤、中壤）土体毛管作用强，底土的海相沉积母质，盐分由毛管水上移，在土体积聚盐分较多。壤质夹黏型黏层有隔水盐作用，底土盐分不易上移到地表，表土层含盐量较低，多为轻盐化，但当表土层含盐量较多时，也不利于土壤脱盐。壤质夹砂型土壤毛管水上移活动弱，但渗透性强，利于土壤脱盐。

盐化潮土亚类多已垦为耕地，人为因素加快了土壤淋盐过程，耕种后，增施有机肥及合理灌溉等良好的耕种措施进一步加快了土壤的脱盐过程，盐化潮土逐年减少，并逐渐北移。今后应进一步搞好农田水利基本建设，完善灌排设施，加速排盐洗盐，并通过种植绿肥、秸秆还田及增施有机肥等措施综合改良。

（五）盐土土类

潍坊市盐土均为滨海盐土，面积为 39 530.86hm²，占土壤总面积的 3.32%；耕地面积 13 793.86hm²，占该土类面积的 34.89%，主要分布在寿光、寒亭、昌邑的北部沿海一带，分布及面积见表 2-32。

表 2-32 盐土土类的分布及面积

分布地	寿光	寒亭	昌邑
面积（hm²）	21 019.49	13 208.44	5 302.93

盐土主要分布在西起淄脉河，东至胶莱河以西莱州湾的沿海一带，大致平行于海岸呈带状分布。分布地形为滨海低平地、沿海洼地及滩涂地带，目前仍受海潮直接或间接影响。由于所处地带海拔高度低，一般 <5m，地形平坦，积盐过程的盐分补给是海水侵渍和逆河倒灌，或者海水渗漏补给地下水。区内地下水埋深一般 <1.5m，近海滩涂 <0.5m，地下水矿化度较高，大部分为 10～30g/L，部分达 50g/L，离海愈近地下水矿化度愈高，高者可达 150g/L 以上。地下水盐分组成以氯化物为主，主要是氯化钠。

成土母质多为海渍河流沉积物，部分为海渍母质（海相沉积物）。质地多为砂质—壤质，部分为重壤—黏质，海水侵渍是土壤积盐的主要来源。流经市域入海的河流主要有小清河、弥河、白浪河、潍河和胶莱河等，河流携带大量泥沙进入莱州湾，不断在近海沉积，当处在水下堆积阶段就为高矿化度的海水所侵渍，成为盐渍淤泥；当海水后退，出水成陆后多为滩涂。地面植被很稀疏，大部分光秃。在蒸发作用下，盐分向地表累积。同时地下水也不断蒸发浓缩，矿化度增高。海水随海潮入侵和海水逆河倒灌，向滨海及河流近岸地下水连续补给盐分，参与土壤积盐过程。土壤富含可溶性盐分，1m 土层内全盐含量0.8% 以上。

盐土的植被类型与土壤盐渍程度密切相关。植物群落具有指示特性，植物群落在一定程度上可以反映出土壤含盐量的变化。依土壤盐渍程度不同，自然植被按层位演变为光板地—黄须菜群丛—碱蓬、盐蒿群丛—茅草。盐生和耐盐植被可以促进滨海盐土脱盐和提高土壤肥力，植物根系可疏松土壤，加强自然淋盐作用，为植被群落的演替创造有利条件。在植被更替过程中覆盖度的递增，可以减少地面蒸发，抑制土壤返盐。

盐土经脱盐过程可以演变成盐化潮土，如能采取合理的措施可以促进和加速这种演变过程，可以把盐土变成良好的耕种土壤，但如果措施不当，可以促使土壤返盐，将已演变成的良好土壤重新演变成盐土。

盐土不仅表层积盐，含盐量高，心土层和底土层含盐量也较高，这是不同于内陆盐土的主要特征之一，因而潍坊市盐土属于滨海盐土，只划分一个亚类，即滨海潮盐土亚类（代号14），划分为两个土属，为氯化物滨海潮盐土和滨海滩地盐土，共8个土种，见表2-33。

表2-33　盐土亚类及土属情况

亚类	土属	土壤面积（hm²）	占亚类（%）	占土壤总面积（%）	主要分布地	土种数量（个）
滨海潮盐土	1. 氯化物滨海潮盐土	34 359.97	86.92	2.89	寿光、寒亭、昌邑	7
	2. 滨海滩地盐土	5 170.89	13.08	0.43	寒亭、寿光、昌邑	1

1. 氯化物滨海潮盐土土属（代号14_1）　该土属面积34 359.97hm²，占土壤总面积的2.89%，占盐土土类面积的86.92%。主要分布于沿海滩涂以上，海拔2.5~5m之间的低平地，部分盐土分布在海拔7m以下的平地上，地下水位多在1~2.5m之间，母质为海相沉积物，质地为砂—轻壤。出水成陆后经自然淋盐，盐生植物逐渐生长，主要有黄须菜、马绊草、碱蓬、芦苇、海蔓、三棱草、柽柳等。

根据土体构型和表层质地，该土属划分为7个土种，其中以轻壤质夹砂型氯化物滨海潮盐土和中壤质夹黏型氯化物滨海潮盐土面积最大，为本土属的代表土种，分别占该土属的27.38%和22.65%（表2-34）。

表2-34　氯化物滨海潮盐土土种、面积及分布

土种名称	图上代号	面积（hm²）	占土属（%）	分布
砂均质氯化物滨海潮盐土	14_{11}	6 669.27	19.41	寒亭、昌邑、寿光
砂质夹黏型氯化物滨海潮盐土	14_{12}	4 122.94	12.00	寿光
轻壤质夹砂型氯化物滨海潮盐土	14_{13}	9 408.92	27.38	寒亭、寿光
中壤均质氯化物滨海潮盐土	14_{14}	3 842.94	11.19	寿光、昌邑
中壤质夹砂型氯化物滨海潮盐土	14_{15}	1 568.02	4.56	寿光
中壤质夹黏型氯化物滨海潮盐土	14_{16}	7 784.21	22.65	寿光、寒亭
黏均质氯化物滨海潮盐土	14_{17}	963.67	2.81	寿光、寒亭

中壤均质氯化物滨海潮盐土土种的剖面特征如下：

0~5cm：浅灰色，中壤质，结构差，多为单粒，土干、松，孔隙多，根系多，石灰反应强。

5~20cm：浅灰色，中壤质土，结构差，土干，较松，孔隙较多，根系多，石灰反应强。

20~40cm：灰色，轻壤土，单粒结构，湿润，少孔较多根系，石灰反应强。

40~60cm：灰黄色，砂壤，无结构，较紧，锈纹锈斑较多，少孔少根系，石灰反应强。

60~100cm：灰黄色，砂壤，较紧，结构不明显，锈纹锈斑较多，石灰反应强，下部可见灰条纹。

100~150cm：灰白夹灰蓝色，轻壤，结构不明显，湿，紧，有潜育斑纹，石灰反应强。

滨海潮盐土土壤通体石灰反应强，pH7.0~8.3，养分含量低，而全钾和速效钾含量丰富，盐分含量高，盐分组成以氯化物为主，阴离子以 Cl^- 含量最高，其次为 SO_4^{2-} 和 HCO_3^-，Cl^-/SO_4^{2-} 值在剖面上层高，往下递减，随着离海愈远，其比值呈递减的趋势。阳离子以 Na^+ 和 K^+ 为主，其次为 Ca^{2+}、Mg^{2+}。地下水矿化度极高，开垦为农田的地下水矿化度较低，多在 10~30g/L。

2. 滨海滩地盐土土属（代号 14_2） 滨海滩地盐土面积 5 170.89hm²，占土壤总面积的 0.43%，占盐土土类面积的 13.08%，主要分布在潍北莱州湾沿岸海拔 0~2.5m 的低平洼地和滩涂地，在寒亭、寿光和昌邑均有分布，且平行于海岸线呈带状分布。滩地盐土母质为海相沉积物，海拔 1.2m 以下常年为高潮汐侵没，土壤盐分直接来源于海水，多为广滩地。在离海较远接近滨海潮盐土区的较高处，地表盐生植物稀疏，单株散生黄须菜、碱蓬等盐生植物，黄须菜多呈紫红色，除此之外，还零星散生少量的芦丛。地下水位很浅，多在 0.5~1.0m，因常受海潮侵渍，地形平坦，潜流带缓，地下水矿化度极高。

该土属只划分一个土种，即为砂均质滨海滩地盐土（代号 14_{21}），其剖面形态特征如下：

0~5cm：灰色，砂壤，无结构，斑状盐结皮，结皮下可见蜂窝状孔隙，石灰反应强。

5~20cm：黄褐色，粉砂壤，无结构，少量锈斑，石灰反应强。

20~40cm：黄褐色，砂壤，少量锈斑，可见贝壳皮，石灰反应强。

40~60cm：黄褐色，砂壤，较多锈斑，石灰反应强。

60~100cm：黄褐色，砂壤，多量锈斑，石灰反应强，见潜水。

100~150cm：灰间黄褐色，轻壤，较多锈斑，间有青灰色潜育斑纹，底部可见灰黑色，质地稍重，较多贝壳皮。

滨海滩地盐土质地通体均为砂壤质，全钾含量较高，速效钾含量极高，其他养分不足，表土含盐量极高，0~20cm 多在 4% 以上，盐分组成以氯化物为主，地下水矿化度极高，并以氯化钠为主，土壤通体石灰性强，pH7.3~8.3。

从上述情况看，滩地盐土土壤含盐量和地下水矿化度均很高，植被很稀疏，多数为广滩地，垦殖价值不高，但可以开发利用发展水产养殖业。

第二节 土地利用状况

根据全国土地利用现状调查技术规程统一制定的土地利用现状分类系统，潍坊市土地主要分为农用地、建设用地和其他用地，按照 2021 年度国土变更数据，各类土地利用类型及面积见表 2-35。

表 2-35　土地利用类型及面积

土地类型	耕地			园地	林地	其他农用地	城镇村及工矿用地	交通用地	水工建筑用地	其他土地
	水田	水浇地	旱地							
面积（hm²）	48.99	431 532.48	225 376.84	91 838.36	268 009.61	142 929.61	319 783.82	31 669.03	5 481.2	—

一、农用地

农用地按利用方式分为耕地、园地、林地和其他农用地。其中耕地面积包括水田、水浇地和旱地，总面积为 656 958.31hm²，占农用地的 56.65%；园地（包括果园、桑园和其他园地）面积 91 838.36hm²，占农用地的 7.92%；林地面积 268 009.61hm²，占农用地的 23.11%；其他农用地 142 929.61hm²，占农用地的 12.32%。

二、建设用地

建设用地总面积 356 934.05hm²，其中，城镇村及工矿用地共 319 783.82hm²，占建设用地的 89.59%。主要为城区、建制镇、村庄、采矿用地、风景名胜及特殊用地。交通运输用地为 31 669.03hm²，占建设用地的 8.87%，主要为铁路用地、公路用地、农村道路用地。水工建筑用地为 5 481.2hm²，主要为水利设施用地，占建设用地的 1.54%。

三、其他用地

其他用地面积不详，主要分布在南部丘陵地区和北部沿海。其中，丘陵地区主要是荒草地，沿海地区主要是滩涂。

第三章 样品采集与分析

样品的采集、化验分析是耕地质量评价的基础，在充分考虑土壤类型、用地现状、作物品种等因素的基础上，按照典型性、代表性、广泛性的布点原则统一布点，采用定位技术定点取样，根据《测土配方施肥技术规范》要求进行化验分析，为耕地质量评价提供最基础的资料。

第一节 土壤样品的布点与采集

一、土壤样品的布点

（一）布点原则

1. 土种优先原则 土种是确定评价单元的依据，每个土种都选择代表性样点参与评价。潍坊市共106个土种。选点时耕地面积较大的土种，根据耕地面积适当增加布点；耕地面积较小的土种，控制样点数量不低于3个。

2. 用地类型兼顾原则 潍坊市耕地类型分为粮田、菜地、棉田、花生田及园地5个用地类型。土样布点按照各种用地类型面积确定样点数量。

3. 种植作物兼顾原则 对全域小麦、玉米、生姜、马铃薯、大葱、棉花、花生、果树等作物进行均匀布点，保证常见作物有样点、有调查。种植面积较大的作物还要适当考虑种植年限、种植方式、土壤肥力水平等因素。

4. 代表性、均匀性原则 样点在土壤类型、用地类型、种植作物等方面要具有广泛的代表性；各样点尽可能在土地利用现状图上均匀分布，便于评价过程的差值处理。

5. 布点与修正兼顾原则 土样采集时原则上以布点点位为主，在布点要求与实际不符时，采样过程中要进行适当的调整，调整内容要在图上有标注，表中有记录。

（二）布点方法

将土壤图、土地利用现状图和行政区划图叠加，根据本市的地形地貌、土壤类型、土地利用、耕作制度、产量水平等因素，将采样区域划分为若干个采样单元，每个采样单元的土壤性状要尽可能均匀一致，形成评价单元工作草图，然后根据规程要求的采样点密度，结合实际情况，确定采样点数量和点位，并在图上标注采样编号。用于本次耕地质量评价的土壤样本数共7 444个，其中粮田6 086个、菜地898个、棉田53个、园地249个、花生田158个。各用地类型的具体布点方法如下：

1. 大田土样布点方法 将本域的土壤图与土地利用现状图叠加，在土地利用现状图上形成有评价单元的工作草图——根据总采样点数量、平均每个点代表面积，初步确定每个评价单元采样点数——在各评价单元中，根据图斑大小、种植制度、种植作物种类、产量水平、梯田化水平等因素，确定布点数量和点位——再根据评价单元布点原则选定耕地分级评价布点数量和点位，并在图上标注采样编号，耕地分级评价点位加注 Y 以示区别，形成点位图。

2. 蔬菜地土样布点方法 在土地利用现状图上，勾绘蔬菜地类型（日光温室、塑料大棚、露天菜地）分布图，再与土壤图叠加，形成评价单元——根据总采样点数量、平均每个点代表面积，初步确定各评价单元的采样点数——在各评价单元中，根据图斑大小、蔬菜地类型、棚龄或种植年限等因素，确定布点数量和点位——再根据耕地分级评价布点原则选定耕地分级评价布点数量和点位，并在图上标注采样编号，耕地分级评价点位加注 P 以示区别，形成点位图。

3. 果园地土样布点方法 在土地利用现状图上，根据野外补充调查结果完善果园分布，依据果园分布图，并与土壤图叠加，形成评价单元——根据总采样点数量、平均每个点代表面积，初步确定各评价单元的采样点数，并在图上标注采样编号，形成点位图。

二、土壤样品的采集

地力评价的土壤样品必须具有较强的代表性和可比性，地力评价土样为一定面积范围内多点位混合样。不同用地类型、不同作物土样的采集时间、方式不同，均按照"随机"、"等量"、"多点混合"的原则进行采样。每个采样点的取土深度及采样量均匀一致，所有样品都采用不锈钢取土钻（或竹铲）采样。

（一）采样方法

1. 粮田土样采样方法 在秋季作物收获后，根据点位图，到点位所在的村庄，了解当地农业生产情况后确定具有代表性的田块采样，采样深度 0～20cm，长方形地块采用"S"法，方形地块和不规则地块采用"棋盘"法布点，均匀随机采集 16～20 个点，充分混合后，四分法留取 1kg，填写两张标签，内外各具。田块面积要求在 1 亩以上，用定位仪进行准确定位，修正原点位，并在图上准确标注（图 3-1、图 3-2）。

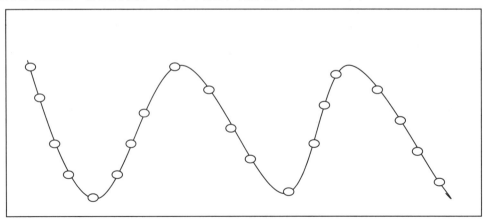

图 3-1 土壤样品采集"S"法示意

2. 蔬菜地土样采样方法 保护地在主导蔬菜收获后的晾棚期间采样。露天菜地在主导蔬菜收获后，下茬蔬菜施肥前采样。根据点位图，到点位所在的村庄，确定具有代表性的蔬菜地采样。耕层样采样深度 0～25cm，典型地块亚耕层样采样深度 26～50cm，采用 "S" 法，均匀随机采集 15～20 个点，按照沟、垄面积比例确定沟、垄取土点位的比例和数量，土样充分混合后，四分法留取 1kg，填写两张标签，内外各具。用定位仪进行准确定位，修正原点位，并在图上准确标注（图 3-3）。

3. 果园土样采样方法 果园土壤样品在果实收获后，未施用底肥前采样。根据点位图，

图 3-2 土壤样品采集 "棋盘" 法示意

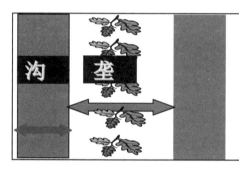

图 3-3 沟、垄面积比例法示意

到点位所在的果园，根据树龄、树式确定具有代表性的果树采样，果园采样要均匀随机选取 10 棵果树，以树干为圆点向外延伸到树冠边缘的 2/3 处采集，每株对角采 2 点。样品分层采集，采样深度 0～20cm、20～40cm。其他同粮田土样的采集。

（二）样品的标记：

采集的样品放入统一的样品袋，用铅笔写好标签，内外各放一张，标签内容如表 3-1 所示。

表 3-1 土壤采样标签

统一编号：	邮编：
采样时间： 年 月 日 时 土壤类型：	
采样地点： 县、市、区 镇（街道） 村 地块 农户名：	
地块在村的（中部、东部、南部、西部、北部、东南、西南、东北、西北）	
采样深度：①0～20cm ②0～25cm ③0～40cm ④ cm（不是①②③的，在④上填写）	
该土样由 点混合（规范要求 15～20 点）	
经度： ° ′ ″ 纬度： ° ′ ″	
采样人： 联系电话：	

（三）采样关键技术的确定

1. 布点和采样方法的确定 在第二次全国土壤普查时为集体生产经营制，农业生产

管理，主要包括种植制度、施肥、浇水等技术措施十分相似，采样主要按行政区域均匀布点。第二次全国土壤普查后农村实行土地生产承包制，耕地的管理方式、种植制度、施肥、浇水等都是由个人决定的，长期以来耕地肥力水平出现了较大的差异。如果仍均匀布点，土样就是一个各种肥力水平的混合样，只能反映出一个平均水平，无法准确指导科学施肥，所以布点时以评价单元为基础布点，在典型地块上采样。

2. 采样点数的确定　本次调查一个土样样品要求取 15～20 个点。经多处试验结果表明，采集 15 个点以内时，其分析数据跳跃很大，如全氮采样点数与室内试验结果的关系（图 3-4）；当取样点在 15～20 个时，分析结果基本稳定。只有保证采样准确，才能保证分析数据真实地反映地力水平，从而正确地指导农业生产。所以取样点确定为 15～20 个（图3-4）。

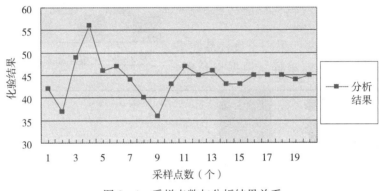

图 3-4　采样点数与分析结果关系

3. 采样时间的确定　一般来讲，通过采样所获取的数据应该是第一个生育周期结束后，第二个生育周期开始前的数据，此时的数据与以往调查、试验的数据相比具有继承性，也有可遵循的施肥指标体系。据此，本市小麦—玉米等一年两作，在秋季作物收获后，约 9 月采样。棉花、花生、甘薯及小杂粮一年一作，在收获后或早春采样。保护地在主导蔬菜收获后的晾棚期间采样。露天菜地在主导蔬菜收获后，下茬蔬菜施肥前采样。果园在果实收获后，未施用底肥前采样。

4. 蔬菜地沟、垄采样点比例的确定　蔬菜地在施肥与浇水管理环节上与大田作物明显不同，一般在垄上种植，沟里施肥，一个周期下来造成垄、沟土壤养分含量差异很大。如果只采垄上土壤，则养分含量低；如果只采沟里土壤，则养分含量就高。二者都不能真实反映土壤养分状况，应按照沟、垄面积比例确定沟、垄取土点位的比例。

5. 对采样点进行定位　利用定位系统对采样点定位，提高了采样点位的准确性，也为采样点的录入、成果图编制的自动化和准确性奠定了基础。

三、调查内容及调查表的填写

调查表格涉及采样地块的立地条件、农户施肥管理、产量水平等众多内容，是耕地质量评价的基础材料之一，许多因素是耕地质量评价的重要指标，因此，调查表格需按要求认真填写。在调查前组织野外调查人员认真阅读填表说明，统一培训并模拟填写，达到理解正确、掌握标准一致时再进行野外调查工作。表格中部分内容如土壤类型、土壤质地等先在室内填写，再到野外校验。调查该田块的前茬作物种类、产量、施肥和灌溉情况等内容时需向田块户主询问，按表格内容逐项进行填写。野外调查内容在野外完成，如有漏填即于当天补填。

调查表格见附表 1、附表 2。

附表 1　测土配方施肥采样地块基本情况调查表

统一编号：　　　　　　　　　调查组号：　　　　　　　　　采样序号：

采样目的：　　　　　　　　　采样日期：　　　　　　　　　上次采样日期：

地理位置	省（自治区、直辖市）名称		地（市）名称		县（旗）名称		
	乡（镇）名称		村组名称		邮政编码		
	农户名称		地块名称		电话号码		
	地块位置		距村距离（m）		—		—
	纬度（° ′ ″）		经度（° ′ ″）		海拔高度（m）		
自然条件	地貌类型		地形部位		—		—
	地面坡度（°）		田面坡度（°）		坡向		
	通常地下水位（m）		最高地下水位（m）		最深地下水位（m）		
	常年降雨量（mm）		常年有效积温（℃）		常年无霜期（d）		
生产条件	农田基础设施		排水能力		灌溉能力		
	水源条件		输水方式		灌溉方式		
	熟制		典型种植制度		常年亩产水平（kg）		
土壤情况	土类		亚类		土属		
	土种		俗名		—		—
	成土母质		剖面构型		土壤质地（手测）		
	土壤结构		障碍因素		侵蚀程度		
	耕层厚度（cm）		采样深度（cm）		—		—
	田块面积（亩）		代表面积（亩）		—		—
来年种植意向	茬口	第一季	第二季	第三季	第四季	第五季	
	作物名称						
	品种名称						
	目标产量						
采样调查单位	单位名称				联系人		
	地址				邮政编码		
	电话		传真		采样调查人		
	E-Mail						

说明：每一取样地块一张表。与附表 2 联合使用，编号一致。

附表 2　农户施肥情况调查表

统一编号：

施肥相关情况	生长季节		作物名称	品种名称	
	播张季节		收获日期	产量水平	
	生长期内降水次数		生长期内降水总量	—	—
	生长期内灌水次数		生长期内灌水总量	灾害情况	

（续）

	是否推荐施肥指导			推荐单位性质			推荐单位名称		
推荐施肥情况	配方内容	目标亩产（kg）	推荐肥料成本（元/亩）	每亩施化肥（kg）				每亩施有机肥（kg）	
				大量元素			其他元素	肥料名称	实物量
				N	P_2O_5	K_2O	养分名称	养分用量		

	实际亩产（kg）	实际肥料成本（元/亩）	每亩施化肥（kg）				每亩施有机肥（kg）	
实际施肥总体情况			大量元素			其他元素	肥料名称	实物量
			N	P_2O_5	K_2O	养分名称	养分用量		

		汇总				施肥情况					
		施肥序次	施肥时期	项目		第一种	第二种	第三种	第四种	第五种	第六种
实际施肥明细	施肥明细	第一次		肥料种类							
				肥料名称							
				养分含量情况（%）	大量元素 N						
					P_2O_5						
					K_2O						
					其他元素 养分名称						
					养分含量						
				每亩实物量（kg）							
		第二次		肥料种类							
				肥料名称							
				养分含量情况（%）	大量元素 N						
					P_2O_5						
					K_2O						
					其他元素 养分名称						
					养分含量						
				每亩实物量（kg）							
		第三次		肥料种类							
				肥料名称							
				养分含量情况（%）	大量元素 N						
					P_2O_5						
					K_2O						
					其他元素 养分名称						
					养分含量						
				每亩实物量（kg）							
		第…次		肥料种类							
				肥料名称							
				养分含量情况（%）	大量元素 N						
					P_2O_5						
					K_2O						
					其他元素 养分名称						
					养分含量						
				每亩实物量（kg）							

说明：每一季作物一张表，请填写齐全采样前一个年度的每季作物。农户调查点必须填写完"实际施肥明细"，其他点必须填写完"实际施肥总体情况"及以上部分。与附表1联合使用，编号一致。

四、采样人员的组织管理

各县市区农业农村局抽调 10 名左右的技术骨干，与街道农技人员结合成立 10 个采样小组。每组实行组长负责制，保证采样的质量。对于采样调查表的填报固定专人进行审核把关。全市共采集用于耕地质量评价的样品 7 444 个。采样的同时完整填写采样地块基本情况表与施肥情况调查表。

五、样品采集的质量控制

①重新划分用地类型：按粮田、菜地、棉田、园地、花生田等用地类型进行划分。

②考虑地形地貌、土壤类型、肥力高低、作物种类等因素布点，保证采样点具有典型性和代表性、空间分布的均匀性。

③考虑设施类型、作物种类、种植年限、不同时期布点，保证化验数据的可用性。

④由具有经验、经过培训的人员进行土样采集。

⑤采样工具统一为不锈钢取土钻、竹铲，避免铁器对土样的污染；取土深度按方案要求；利用定位系统定位，记录经纬度，保证点位信息精度。

⑥采样点距离铁路、公路 100m 以上，不在住宅、路旁、沟渠、粪堆、废物堆附近设采样点。

第二节　土壤样品的制备

一、新鲜样品

土壤中的二价铁、硝态氮、铵态氮等成分会在风干过程中发生显著变化，必须用新鲜样品进行分析。为了能真实反映土壤在田间自然状态下的某些理化性状，新鲜样品要及时送回室内进行处理分析，用粗玻璃棒或塑料棒将样品混匀后迅速称样测定。

新鲜样品一般不易贮存，如需要暂时贮存，可将新鲜样品装入塑料袋，扎紧袋口，放在冰箱冷藏室或进行速冻保存。

二、风干样品

从野外采回的土壤样品要及时放在晾土盘上，摊成薄薄的一层，置于干净整洁的室内通风处自然风干，严禁暴晒，并注意防止酸、碱等气体及灰尘的污染。风干过程中要经常翻动土样，并将大土块捏碎以加速干燥，同时剔除土壤以外的侵入体。

风干后的土壤充分混匀后，要按照不同的分析要求研磨过筛，然后装入样品瓶中备用。瓶内外各放标签一张，写明编号、采样地点、土壤名称、采样深度、样品粒径、采样日期、采样人姓名及制样时间、制样人姓名等项目。制备好的样品要妥善贮存，避免日晒、高温、潮湿和酸碱等气体的污染。全部分析工作结束后，分析数据核实无误，试样一般还要保存一年以上，以备查询。需要长期保存的样品，应保存在广口瓶中，用蜡封好瓶口。

三、试样分析

（一）一般化学分析试样

将风干后的样品平铺在制样板上，并将植物残体、石块等侵入体和铁锰结核、石灰结核等新生体剔除干净，除去非土样的组成部分。细小已断的植物根须，可采用静电吸附的方法清除。侵入体和新生体剔除后，使用不锈钢土壤粉碎机研磨粉碎至全部样品通过2mm孔径尼龙筛。通过2mm孔径筛的土样，可供pH，速效性氮、磷、钾，有效硫，交换性钙、镁等项目的测定。将通过2mm孔径筛的土样用四分法取出一部分继续研磨，使之全部通过0.25mm孔径筛，供有机质、全氮等项目的测定。

（二）微量元素分析试样

用于微量元素分析的土样，其处理方法同一般化学分析样品，但在采样、风干、研磨、过筛、贮存等环节，不要接触容易造成样品污染的铁、铜等金属器具。采样、制样使用不锈钢、木、竹或塑料工具，过筛使用尼龙网筛等。通过2mm孔径尼龙筛的样品可用于测定土壤中有效态微量元素。

第三节　样品分析与质量控制

一、分析项目与方法

样品的室内分析是了解土壤理化性状的重要手段，根据农业部《测土配方施肥技术规范》测试分析项目的要求，确定本次耕地质量调查与评价必需的化验分析项目为16项，各项目分析方法以国家标准或部颁布标准为首选分析方法（表3-2）。

表3-2　土壤测定方法

分析项目	样品水分要求	样品称样量（g）	样品细度	测定方法名称	方法适应范围	备注
pH	风干土	10	2mm孔径筛	玻璃电极法	各类土壤	水土比2.5：1
有机质	风干土	0.05~0.5	0.25mm孔径筛	重铬酸钾—浓硫酸容量法—外加热法	各类土壤	
有效磷	风干土	2.5	2mm孔径筛	碳酸氢钠浸提—钼锑抗比色法	各类土壤	液土比10：1
速效钾	风干土	5	2mm孔径筛	乙酸铵浸提—火焰光度法	各类土壤	液土比10：1
全氮	风干土	0.5~1	0.25mm孔径筛	H_2SO_4-K_2SO_4-$CuSO_4$-Se 半微量开氏法	硝态氮含量低土壤	测定结果不包括硝态氮
				H_2SO_4-K_2SO_4-$CuSO_4$-Se KMnO_4-Fe 半微量开氏法	硝态氮含量高土壤	测定结果含硝态氮、亚硝态氮
碱解氮	风干土	2	2mm孔径筛	碱解扩散法	各类土壤	
缓效钾	风干土	2.5	2mm孔径筛	硝酸浸提—火焰光度法	各类土壤	液土比10：1
有效铁	风干土	10	2mm孔径尼龙筛	0.1mol/L HCl浸提—原子吸收分光光度法	各类土壤	液土比2：1
有效锰	风干土	10	2mm孔径尼龙筛	0.1mol/L HCl浸提—原子吸收分光光度法	各类土壤	液土比2：1

（续）

分析项目	样品水分要求	样品称样量（g）	样品细度	测定方法名称	方法适应范围	备注
有效铜	风干土	10	2mm 孔径尼龙筛	0.1mol/L HCl 浸提—原子吸收分光光度法	各类土壤	液土比 2∶1
有效锌	风干土	10	2mm 孔径尼龙筛	0.1mol/L HCl 浸提—原子吸收分光光度法	各类土壤	液土比 2∶1
有效硼	风干土	10	2mm 孔径尼龙筛	姜黄素比色法	各类土壤	液土比 2∶1
有效钼	风干土	5	2mm 孔径筛	草酸—草酸铵提取—极谱法	各类土壤	液土比 10∶1
有效硫	风干土	10	2mm 孔径筛	磷酸二氢钙或氯化钙浸提—硫酸钡比浊法	各类土壤	液土比 5∶1
交换性钙	风干土	10	2mm 孔径尼龙筛	EDTA-铵盐—原子吸收分光光度计	各类土壤	液土比 5∶1
交换性镁	风干土	10	2mm 孔径尼龙筛	EDTA-铵盐—原子吸收分光光度计	各类土壤	液土比 5∶1

二、化验分析质量控制

为了确保化验室检测质量，从检测环境条件、人力资源、计量器具、设备设施等方面进行控制。

1. 化验室环境条件的控制 化验室环境条件要求达到：环境温度 16～35℃，相对湿度 20％～75％，电源电压（220±11）V，注意接地良好。仪器室噪声＜55dB，工作间噪声＜70dB。含尘量＜0.28mg/m³，天平室、仪器室振动应在 4 级以下，振动速度＜0.20mm/s。如果有特殊仪器设备、特殊样品试剂的应满足其各自额定的操作条件要求。

2. 检测人员 检测人员要持证上岗，承担检测项目的人员要进行专门的岗前培训。

3. 化验室仪器设备及计量器具的控制 化验室计量器具主要有仪器设备和玻璃量器，其控制方法如下：

（1）仪器设备统一采购 各县所用检测仪器设备统一招标采购，统一采购的仪器设备型号一致，质量可靠，价格合理，便于售后服务，各个化验室的检测数据也便于比较。

（2）仪器设备的计量检定 影响检测质量较大的电子天平、小容量玻璃量器（容量瓶、滴定管、移液管）等都应按鉴定周期要求定期进行鉴定。

4. 化验室内的质量控制

（1）检测方法的选择 采用相应的行业标准。

（2）工作标准溶液的校准 标准滴定溶液制备要求按照 GB/T 601—2002《化学试剂 标准滴定溶液的制备》方法进行标准配制、标定、使用和保存。

（3）空白试验 空白试验一般平行测定的相对差值不应大于 50％，同时要求各化验室应通过大量的试验，逐步总结出各种空白值的合理范围。

（4）精密度控制 土壤样品需作 10％～30％的平行，5 个样品以下的，应增加为 100％的平行。

平行测试结果符合规定的允许差，最终结果以其平均值报出，如果平行测试结果超过规定的允许差，需再加测一次，取符合规定允许差的测定值报出。如果多组平行测试结果超过规定的允许差，应考虑整批重作。

（5）采用参比样控制准确度　按要求每批样品或每 10～15 个样品加测参比样品 1 个。其测试结果与参比样品标准值的差值，应控制在标准偏差（S）范围内。如果参比样品测试结果超差，则应对整个测试过程进行检查，找出超差原因再重新工作。

（6）化验室间的质量控制　化验室采用参比样作为密码样进行检测，按时参加上级部门组织的化验室能力验证和考核，随机抽取已检样，编成密码跨批抽查。同一化验室安排不同人员进行双人比对，双边或多边分化验室间进行比对，对留样复检等进行质量控制。

质量管理中还要求各化验人员对检测结果的合理性进行预判，主要是结合土壤元素（养分含量）的空间分布规律、土壤元素（养分含量）的垂直分布规律、土壤元素（养分含量）与成土母质的关系、土壤元素（养分含量）与地形地貌的关系、土壤元素（养分含量）与利用状况的关系、各检测项目之间的相互关系等进行预判。

第四章 土壤理化性状及评价

土壤理化性状分析是耕地质量评价的基础。结合潍坊市种植业结构特点，潍坊市本次耕地质量评价，选取了 7 444 个采集于 2018—2020 年的土壤样品及对应点位的调查结果。样品按各县市区分为：潍城区 561 个，坊子区 500 个，寒亭区 507 个，青州市 707 个，诸城市 881 个，寿光市 600 个，安丘市 531 个，昌邑市 1 094 个，高密市 792 个，临朐县 615 个，昌乐县 516 个，峡山区 80 个，高新区 34 个。样品按土壤类型分为：棕壤 1 084 个，褐土 3 207 个，潮土 2 521 个，砂姜黑土 545 个，盐土 61 个。按耕地利用类型分为：粮田 6 086 个，菜地 898 个，园地 249 个，棉田 53 个，花生田 158 个。对这些样品的土壤有机质、pH、大量元素、中微量元素等进行了系统检测，充分掌握了全市耕地土壤的养分状况、分布范围、面积，对全市不同区域、不同耕地利用类型、不同土壤类型、不同质地的土壤理化性状进行了全面系统的分析，为今后有效地指导农业生产打下了基础。

第一节 土壤 pH 和有机质

一、土壤 pH

土壤 pH，又称土壤酸碱度，是土壤重要的化学指标，也是影响土壤肥力和作物生长的重要因素之一。土壤 pH 的高低，是成土母质、成土条件、理化性状、肥力特征的综合反应，也是划分土壤类型、评价土壤肥力的重要指标。土壤酸碱度对土壤中养分的形态、有效性、对土壤的理化性质、微生物活动以及植物生长发育都有很大影响。在酸性土壤或石灰性土壤中，磷常被铁、铝和钙固定而无效。土壤过酸和过碱均不利于有益微生物的活动，从而影响到土壤中氮素和部分磷素养分的释放。

（一）全市土壤 pH 总体状况及分级

经对 7 325 个土壤样品化验分析，全市耕层土壤 pH 大多数为中性，pH 值多数集中在 5.5～8.0 区间，其众数为 7.14，最大值 9.73，最小值 4.1，变异系数 11.63%。其中 3 级水平的比例最大，占 27.40%；其次是 4 级水平，占 23.32%，2 级和 5 级水平分别占 13.50%、15.48%，见表 4-1。

表 4-1 耕层土壤 pH 分级及样本数

级别	1	2	3	4	5	6	7	8	9	10
标准	>8.5	8.0～8.5	7.5～8.0	7.0～7.5	6.5～7.0	6.5～6.0	6.0～5.5	5.5～5.0	5.0～4.5	<4.5

（续）

级别	1	2	3	4	5	6	7	8	9	10
个数（个）	59	989	2 007	1 708	1 134	569	478	360	17	4
占总数比例（%）	0.81	13.50	27.40	23.32	15.48	7.77	6.53	4.91	0.23	0.05

（二）不同土壤类型土壤 pH

各类土壤 pH 差异主要取决于成土母质类型、土壤中盐基离子淋溶作用和复盐基作用的相对强度。棕壤盐基淋溶作用强，母岩风化过程中产生的钙、镁、钾、钠等盐基离子已被淋失，在棕壤分布区土壤无石灰反应，土壤一般呈弱酸性至中性，众数为 6.21；褐土土类淋溶作用弱，盐基饱和度高，土壤呈中性至微碱性，众数为 7.24；潮土土类发育在河流沉积物上，成土母质主要为河流冲积物，土壤呈中性至微碱性，众数为 7.30；砂姜黑土土类成土母质主要为冲积物和浅湖沼相沉积物，土壤呈中性至微碱性，众数为 7.67；盐土土类分布于北部滨海滩地，盐碱威胁大，土壤普遍呈弱碱性至碱性，众数为 8.13。各类土壤 pH 变异系数在 2.78%～12.90% 之间，不同土壤类型土壤 pH 由高到低依次为：盐土＞砂姜黑土＞潮土＞褐土＞棕壤，见表 4-2。

棕壤中各亚类 pH 差异较小，棕壤和棕壤性土 pH 众数同为 6.24，潮棕壤的 pH 众数 6.06。各亚类由高到低依次为：棕壤、棕壤性土＞潮棕壤。

潮土中各亚类 pH 差异较大，盐化潮土 pH 众数为 7.69，最高；其次是湿潮土，pH 众数 7.60。各亚类由高到低依次为：盐化潮土＞湿潮土＞脱潮土＞潮土。

褐土中各亚类 pH 差异大。石灰性褐土 pH 众数为 7.55，最高；潮褐土 pH 众数为 7.45；褐土 pH 众数为 7.34；淋溶褐土 pH 众数为 6.96；褐土性土 pH 众数为 6.92，最低。各亚类由高到低依次为：石灰性褐土＞潮褐土＞褐土＞淋溶褐土＞褐土性土。

砂姜黑土中两个亚类 pH 差异较小，石灰性砂姜黑土 pH 众数为 7.98，砂姜黑土 pH 众数为 7.62。

表 4-2 不同土壤类型及亚类土壤 pH

土类	众数	亚类	众数	变幅	变异系数（%）	标准差
棕壤	6.21	棕壤	6.24	4.1～8.4	12.90	0.80
		潮棕壤	6.06	5～7.78	10.92	0.66
		棕壤性土	6.24	4.6～8.4	12.44	0.78
潮土	7.30	潮土	7.07	4.3～8.82	11.70	0.83
		湿潮土	7.60	5.18～8.62	6.86	0.52
		脱潮土	7.58	5.26～8.65	6.54	0.50
		盐化潮土	7.69	5.38～9.73	7.32	0.56
褐土	724	褐土	7.34	4.44～8.52	7.35	0.54
		石灰性褐土	7.55	6.34～8.4	10.55	0.80
		淋溶褐土	6.96	4.4～8.5	10.57	0.74
		潮褐土	7.45	4.76～8.9	8.77	0.65
		褐土性土	6.92	5～8.4	10.05	0.70

（续）

土类	众数	亚类	众数	变幅	变异系数（%）	标准差
砂姜黑土	7.67	砂姜黑土	7.62	4.7～9.2	8.37	0.64
		石灰性砂姜黑土	7.98	7.8～8.3	2.78	0.22
盐土	8.14	滨海潮盐土	8.13	7.2～9.32	4.53	0.37

（三）不同用地类型土壤 pH

潍坊市的耕地利用类型主要分：粮田（小麦、玉米等粮食作物）、菜田、园地、棉田和花生田。土壤测试结果显示，棉田耕层土壤 pH 较高，众数为 8.13，变幅 6.95～8.80；pH 最低是花生田，其次是园地，众数分别是 6.06 和 6.69。耕地 pH 的差异主要受土壤母质和施肥两种因素影响。因棉田基本于北部盐碱地，因此，pH 较高；花生田主要位于南部棕壤，因此，pH 较低；园地大部分分布在山地丘陵区，主要为棕壤和褐土，pH 较低。由于近年来生理酸性肥的大量施用，蔬菜、园地的土壤 pH 呈下降趋势，pH 相对较低。不同用地类型土壤 pH 由高到低依次为：棉田＞粮田＞菜地＞园地＞花生田，详见表4-3。

表 4-3 不同用地类型土壤 pH

用地类型	众数	变幅	变异系数（%）	标准差
粮田	7.21	4.10～9.73	11.26	0.81
菜地	6.99	4.30～8.56	11.04	0.77
棉田	8.13	6.95～8.80	4.27	0.35
花生田	6.06	4.90～8.29	13.89	0.84
园地	6.69	4.75～8.40	11.39	0.76

（四）不同土壤质地类型土壤 pH

不同土壤质地类型耕层土壤的 pH 各不相同，差异较明显。砂质土 pH 众数最低，为6.49；壤质土最高，众数为 7.18。各质地土壤 pH 由高到低依次为：壤质＞砾质＞砂质，详见表4-4。

表 4-4 不同质地类型土壤 pH

质地类型	众数	变幅	标准差
壤质土	7.18	4.1～9.73	0.82
砂质土	6.49	4.6～8.4	0.85
砾质土	6.64	4.9～8	0.80

（五）不同区域土壤 pH

根据潍坊市地域及作物种植特点，将全市划分为潍东、潍西、潍南、潍北及潍中5个区域，对耕层土壤 pH 进行统计、分析、评价。

不同区域土壤 pH 差异不明显，潍北 pH 众数为 7.56，变幅为 5.26～9.73；潍东最低为 6.68，变幅为 4.4～9.2；其他区域差异较小，基本呈中性。分析结果见表 4-5。

表 4-5　不同区域土壤 pH

不同区域	众数	变幅	标准差
潍东	6.68	4.4～9.2	1.03
潍西	7.15	4.44～8.82	0.75
潍南	6.81	4.1～8.7	0.71
潍北	7.56	5.26～9.73	0.54
潍中	7.30	4.76～8.3	0.73

二、土壤有机质

土壤有机质是土壤中除土壤矿物质以外的物质，是土壤的重要组成部分，也是土壤肥力的基础。土壤有机质不仅含有作物生长所需的各种养分，而且能促进土壤团粒结构的形成，提高土壤的代换和缓冲能力，协调水、肥、气、热等肥力因素之间的矛盾，促进植物生长和微生物活动。此外，有机质中的腐殖质还具有生理活性，能促进作物生长发育，消除土壤污染。因此，它是土壤肥力高低的重要指标，是影响耕地地力水平的重要因素。

（一）耕层土壤有机质含量及分级

经对 7 409 个土壤样品化验分析，全市土壤有机质平均含量为 15.48g/kg，变幅 3.5～37.70g/kg，变幅较大。全市土壤有机质含量处于较高水平，76.43％的耕地面积土壤有机质含量为 3 级以上，其中 2 级水平的比例最大，占 34.63％，其次是 3 级水平，占 26.74％，1 级水平占 15.06％，4 级水平占 13.79％，5 级水平占 6.72％，6 级水平占 2.58％，7 级水平占 0.47％，见表 4-6。

1982 年全国第二次土壤普查时全市土壤有机质含量的平均值为 9.5g/kg，属较低水平。参与本次评价的 7 409 个样品平均值为 15.48g/kg，与 1982 年相比土壤有机质含量提高了 5.98g/kg。土壤有机质提高的主要原因是蔬菜田、园地增施了有机肥料，小麦、玉米等粮田推广了秸秆还田技术。

表 4-6　土壤有机质分级及样本数

级别	1	2	3	4	5	6	7
分级标准（g/kg）	＞20	15～20	12～15	10～12	8～10	6～8	＜6
样本个数（个）	1 116	2 566	1 981	1 022	498	191	35
占总样本比例（％）	15.06	34.63	26.74	13.79	6.72	2.58	0.47

（二）不同土壤类型土壤有机质

受成土母质、发育过程、耕层质地、人为耕作的影响，不同土壤类型间土壤有机质含量有较大差异，砂姜黑土地处低洼，土质黏重，土壤有机质含量较高，平均含量为16.24g/kg；褐土、潮土壤有机质平均含量分别为 15.93g/kg、15.14g/kg；盐土壤有机质平均含量最低，为 13.16 g/kg，盐土分布于潍坊北部沿海，耕地利用和管理粗放，基本不施用有机肥,秸秆还田量少。不同土壤类型土壤有机质含量由高到低依次为:砂姜黑土＞褐土＞潮土＞棕壤＞盐土(表4-7)。

棕壤中各亚类土壤有机质含量略有差异,棕壤含量最高,平均为15.13g/kg;棕壤性土含量最低,平均为14.31g/kg。棕壤中各亚类土壤有机质含量由高到低依次为:棕壤＞潮棕壤＞棕壤性土。

潮土中各亚类土壤有机质含量差异较大,湿潮土含量最高,平均为17.32g/kg;盐化潮土含量最低,平均为14.14g/kg。潮土中各亚类土壤有机质含量由高到低依次为:湿潮土＞脱潮土＞潮土＞盐化潮土。

褐土中各亚类土壤有机质含量差异较大。石灰性褐土含量最高,平均为18.52g/kg;褐土性土含量最低,平均为14.67g/kg。各亚类土壤有机质含量由高到低依次为:石灰性褐土＞潮褐土＞褐土＞淋溶褐土＞褐土性土。

砂姜黑土中各亚类土壤有机质含量差异较大。石灰性砂姜黑土平均含量为16.96g/kg,变幅15.53～18.40g/kg,变幅较小;砂姜黑土平均含量为16.24g/kg,变幅5.50～33.80g/kg,变幅较大,含量很不均衡。

表4-7 不同土壤类型及亚类土壤有机质含量

土类	平均值 (g/kg)	亚类	平均值 (g/kg)	变幅 (g/kg)	标准差
棕壤	14.84	棕壤	15.13	3.9～34.1	4.90
		潮棕壤	14.80	5.3～33.2	4.79
		棕壤性土	14.31	3.5～31.2	4.75
潮土	15.14	潮土	14.24	4.5～35.2	4.39
		湿潮土	17.32	6.2～37.2	5.51
		脱潮土	17.30	5.3～37.6	6.06
		盐化潮土	14.14	5.4～28.8	4.14
褐土	15.93	褐土	16.21	3.6～37.7	5.30
		石灰性褐土	18.52	15.3～20.2	2.46
		淋溶褐土	15.22	4.1～34.3	4.22
		潮褐土	16.58	5.7～36.9	4.30
		褐土性土	14.67	4.5～29.2	4.35
砂姜黑土	16.24	砂姜黑土	16.24	5.5～33.8	4.52
		石灰性砂姜黑土	16.96	15.53～18.4	1.47
盐土	13.16	滨海潮盐土	13.16	6.27～30.1	4.66

(三) 不同用地类型土壤有机质

不同用地类型土壤有机质含量差异较大(表4-8)。菜田的有机质含量最高,平均含量为17.00g/kg,变幅3.7～37.7g/kg,变幅大;其次为园地,平均含量为16.66g/kg;花生田最低,平均含量为13.52g/kg。近几年全市农民加强了菜田及果园等高效经济作物的管理,重视了有机肥料的施用,因而有机质含量较丰富。粮田由于大力推广了秸秆还田,有机质含量也较高。不同用地类型土壤有机质含量由高到低依次为:菜田＞园地＞粮田>棉田>花生田。

表 4-8　不同用地类型土壤有机质含量

用地类型	平均值（g/kg）	变幅（g/kg）	标准差
粮田	15.27	3.5～37.2	4.54
菜田	17.00	3.7～37.7	6.11
棉田	14.39	6.28～24.5	4.30
花生田	13.52	5～26.0	4.21
园地	16.66	4.5～33.3	4.98

（四）不同质地类型土壤有机质

不同质地类型土壤有机质含量差异较大（表 4-9）。壤质土有机质含量最高，平均为 15.58g/kg；其次为砾质土，平均为 14.92g/kg；砂质土含量最低，平均为 13.71g/kg。不同质地类型土壤有机质含量由高到低依次为：壤质>砾质>砂质。

表 4-9　不同质地类型土壤有机质含量

质地类型	平均值（g/kg）	变幅（g/kg）	标准差
壤质土	15.58	3.6～37.7	4.82
砂质土	13.71	3.5～30.8	4.43
砾质土	14.92	6.3～24	4.31

（五）不同区域土壤有机质

不同区域土壤有机质含量差异不大，潍东土壤有机质含量最高，平均含量为 15.93g/kg，变幅 4.5～33.3g/kg；潍西次之，平均为 15.92g/kg；而潍南山岭梯田及山丘坡地较多，土壤相对贫瘠，土壤有机质含量最低，平均为 14.53g/kg。不同区域土壤有机质含量由高到低依次为：潍东>潍西>潍中>潍北>潍南，见表 4-10。

表 4-10　不同区域土壤有机质含量

不同区域	平均值（g/kg）	变幅（g/kg）	标准差
潍东	15.93	4.5～33.3	4.84
潍西	15.92	4.06～37.2	4.98
潍南	14.53	3.5～34.3	4.73
潍北	15.24	5.3～37.7	5.21
潍中	15.75	5.4～28	3.53

第二节　土壤大量营养元素状况

一、土壤氮

土壤氮素包括有机态氮和无机态氮，其总和为全氮。土壤中全氮含量代表氮素的总贮量和供氮潜力，因此，土壤全氮和有机质一样是土壤肥力高低的重要指标。

（一）土壤全氮

1. 土壤全氮　全市采取 5 198 个土壤样本化验全氮，平均含量为 1.04 g/kg，变幅 0.11~2.99 g/kg，变幅较大，标准差为 0.32。其中 1 级水平的占总样本的 7.85%，2 级水平占 18.68%，3 级水平占 24.07%，4 级水平占 31.82%，5 级水平占 15.62%，6 级水平占 1.67%，7 级水平占 0.29%。土壤全氮含量总体属中等水平，1982 年第二次土壤普查时全氮的平均值为 0.64g/kg，目前，土壤全氮平均含量较第二次土壤普查时提高了 62.5%，全氮含量提高的原因是农户大量增施有机肥、尿素和三元复合肥等肥料，见表 4-11。

表 4-11　耕层土壤全氮含量分级及样本数

级别	1	2	3	4	5	6	7
标准（g/kg）	>1.5	1.2~1.5	1~1.2	0.75~1	0.5~0.75	0.3~0.5	<0.3
样本个数（个）	408	971	1 251	1 654	812	87	15
占总样本的比例（%）	7.85	18.68	24.07	31.82	15.62	1.67	0.29

2. 不同土壤类型土壤全氮　不同土壤类型土壤全氮含量差异不大，砂姜黑土含量最高，平均含量为 1.09g/kg，变幅 0.21~2.53g/kg，变幅大；其次是褐土，平均为 1.07g/kg，变幅 0.11~3.00g/kg；棕壤平均为 0.93g/kg，变幅为 0.23~2.07g/kg；盐土最低，平均为 0.86g/kg，变幅 0.42~1.85g/kg。不同土壤类型土壤全氮含量由高到低依次为：砂姜黑土＞褐土＞潮土＞棕壤＞盐土，见表 4-12。

棕壤各亚类土壤全氮含量略有差异。棕壤、潮棕壤平均含量均为 0.95g/kg；棕壤性土含量最低，平均为 0.91g/kg。各亚类土壤全氮含量由高到低依次为：棕壤、潮棕壤＞棕壤性土。

潮土各亚类土壤全氮含量差异较大。脱潮土全氮含量最高，平均含量为 1.16g/kg；盐化潮土含量最低，平均为 0.95g/kg。各亚类土壤全氮含量由高到低依次为：脱潮土＞湿潮土＞潮土＞盐化潮土。

褐土各亚类土壤全氮含量差异较大。石灰性褐土全氮含量最高，平均为 1.23g/kg；潮褐土次之，平均含量为 1.12g/kg；褐土性土最低，平均含量为 0.96g/kg。各亚类土壤全氮含量由高到低依次为：石灰性褐土＞潮褐土＞褐土＞淋溶褐土＞褐土性土。

砂姜黑土各亚类中，石灰性砂姜黑土、砂姜黑土土壤全氮平均含量分别为：1.40g/kg、1.08g/kg，两者差异较大。

表 4-12　不同土壤类型及亚类土壤全氮含量

土类	平均值（g/kg）	亚类	平均值（g/kg）	变幅（g/kg）	标准差
棕壤	0.93	棕壤	0.95	0.29~2.07	0.30
		潮棕壤	0.95	0.36~1.8	0.29
		棕壤性土	0.91	0.23~2.0	0.28

（续）

土类	平均值（g/kg）	亚类	平均值（g/kg）	变幅（g/kg）	标准差
潮土	1.02	潮土	0.96	0.11～2.35	0.29
		湿潮土	1.14	0.43～2.92	0.38
		脱潮土	1.16	0.40～2.64	0.41
		盐化潮土	0.95	0.22～1.97	0.27
褐土	1.07	褐土	1.11	0.11～3.0	0.42
		石灰性褐土	1.23	0.99～1.54	0.19
		淋溶褐土	1.01	0.13～2.34	0.30
		潮褐土	1.12	0.26～2.5	0.28
		褐土性土	0.96	0.32～1.85	0.24
砂姜黑土	1.09	砂姜黑土	1.08	0.21～2.53	0.32
		石灰性砂姜黑土	1.40	1.18～1.68	0.21
盐土	0.86	滨海潮盐土	0.86	0.42～1.85	0.27

3. 不同用地类型土壤全氮 不同用地类型间土壤全氮平均含量差异较大，其中菜田土壤全氮含量最高，平均为 1.15g/kg，变幅为 0.22～2.99g/kg，全氮含量极不均衡；其次是粮田和园地，平均含量均为 1.02g/kg，变幅分别为 0.11～2.53g/kg、0.26～2.07g/kg；棉田和花生田最低，平均含量均为 0.90g/kg，变幅分别为 0.40～1.52g/kg、0.35～2.19g/kg。不同用地类型土壤全氮含量由高到低依次为：菜地＞粮田、园地＞棉田、花生田，见表 4-13。

由此可见，土壤全氮含量与用地类型密切相关。菜田氮素化肥用量较大，土壤全氮含量较高；而棉田、花生田施肥量较小，个别地块全氮严重缺乏。

表 4-13 不同用地类型土壤全氮含量

用地类型	平均值（g/kg）	变幅（g/kg）	标准差
粮田	1.02	0.11～2.53	0.29
菜地	1.15	0.22～2.99	0.45
棉田	0.90	0.40～1.52	0.25
花生田	0.90	0.35～2.19	0.31
园地	1.02	0.26～2.07	0.40

4. 不同区域土壤全氮 除潍南区域外，其他区域间土壤全氮含量差异很小。潍中平均含量最高，为 1.10g/kg；潍南平均含量最低，为 0.91g/kg；潍东、潍北平均含量均为 1.04g/kg。不同区域土壤全氮含量由高到低依次为：潍中＞潍东、潍北＞潍西＞潍南，见表 4-14。

表 4-14 不同区域全氮含量

不同区域	平均值（g/kg）	变幅（g/kg）	标准差
潍东	1.04	0.31～2.34	0.32

（续）

不同区域	平均值（g/kg）	变幅（g/kg）	标准差
潍西	1.02	0.26～2.53	0.30
潍南	0.91	0.11～2.18	0.29
潍北	1.04	0.13～3.0	0.37
潍中	1.10	0.27～2.27	0.26

5. 不同土壤质地土壤全氮　不同土壤质地土壤全氮含量，壤质土最高，平均含量为 1.04g/kg；砾质土最低，平均含量为 0.83g/kg。不同质地土壤全氮含量由高到低依次为：壤质土＞砂质土＞砾质土，见表 4-15

表 4-15　不同质地类型全氮含量

质地类型	平均值（g/kg）	变幅（g/kg）	标准差
壤质土	1.04	0.11～3.00	0.33
砂质土	0.91	0.23～2.00	0.26
砾质土	0.83	0.46～1.45	0.26

（二）土壤碱解氮

土壤碱解氮亦称作水解氮，它包括无机的矿物态氮和结构简单较易分解的有机态氮，主要为铵态氮、硝态氮等，可供作物近期吸收利用，其含量水平决定供氮强度，是耕地地力的重要影响因素之一。

1. 土壤碱解氮　据 3 535 个土壤样品碱解氮化验分析，全市土壤碱解氮含量属中等偏上水平，平均含量为 92.9mg/kg，变幅 10.8～389.6mg/kg，变幅较大，标准差为 35.87。其中 3 级以上水平的占总样本的 45.27%，4 级水平占 23.79%，5 级水平占 21.98%，6 级水平占 6.99%，7 级、8 级两级水平仅占 2.97%。潍坊市第二次土壤普查时碱解氮平均含量为 57.1mg/kg，2012 年养分调查时含量为 93mg/kg。目前，碱解氮平均含量比第二次土壤普查时提高了 62.7%。由于近几年推广测土配方施肥技术，重视有机肥的使用，氮素化肥使用量持续稳定，因此，土壤碱解氮与 2012 年基本持平，见表 4-16。

表 4-16　耕层土壤碱解氮含量分级及样本数

级别	1	2	3	4	5	6	7	8
标准（mg/kg）	＞150	120～150	90～120	75～90	60～75	45～60	30～45	＜30
样本数（个）	190	368	1 007	841	777	247	90	15
占总本比例（%）	5.37	10.41	28.49	23.79	21.98	6.99	2.55	0.42

2. 不同土壤类型土壤碱解氮　不同土壤类型土壤碱解氮平均含量略有差异。褐土最高，平均含量为 96.8mg/kg，变幅为 10.8～389.6mg/kg；其次是棕壤，平均含量为 95.3mg/kg；盐土的平均含量最低，为 80.7mg/kg。不同土壤类型土壤碱解氮含量由高到低依次为：褐土＞棕壤＞潮土＞砂姜黑土＞盐土，见表 4-17。

棕壤中各亚类土壤碱解氮含量差异不显著。含量最高为潮棕壤，平均含量是

100.4mg/kg，含量最低为棕壤 94.4mg/kg。各亚类土壤碱解氮含量由高到低依次为：潮棕壤＞棕壤性土＞棕壤。

潮土中各亚类土壤碱解氮含量差异较小。脱潮土含量最高，平均为 93.4mg/kg，变幅 42.5～152.3mg/kg；湿潮土含量最低，平均为 86.7mg/kg。各亚类土壤碱解氮含量由高到低依次为：脱潮土＞潮土＞盐化潮土＞湿潮土。

褐土中各亚类土壤碱解氮含量差异较小。淋溶褐土含量最高，平均为 99.2mg/kg，其次是褐土性土，平均含量为 97.4mg/kg，两者均高于全市平均水平；潮褐土碱解氮含量最低，平均为 92.8mg/kg。各亚类土壤碱解氮含量由高到低依次为：淋溶褐土＞褐土性土＞褐土＞潮褐土。

砂姜黑土样本仅有砂姜黑土一个亚类，平均含量为 88.5mg/kg。

表 4-17　不同土壤类型及亚类土壤碱解氮含量

土类	平均值（mg/kg）	亚类	平均值（mg/kg）	变幅（mg/kg）	标准差
棕壤	95.3	棕壤	94.4	16.1～356.4	43.29
		潮棕壤	100.4	43.6～226.2	38.14
		棕壤性土	95.1	19～345.6	40.85
褐土	96.8	褐土	97.1	10.8～325.4	40.68
		淋溶褐土	99.2	20.6～389.6	45.42
		潮褐土	92.8	34.9～220	33.80
		褐土性土	97.4	22.8～314.1	46.07
砂姜黑土	88.5	砂姜黑土	88.5	31.7～220.2	29.21
潮土	89.8	潮土	90.0	17.4～287.2	28.40
		湿潮土	86.7	42.4～182.5	26.13
		脱潮土	93.4	42.5～152.3	24.22
		盐化潮土	88.4	37.9～154.1	26.32
盐土	80.7	滨海潮盐土	80.7	34.7～137.8	24.56

3. 不同用地类型土壤碱解氮　不同用地类型间土壤碱解氮平均含量差异显著。菜地土壤碱解氮含量最高，平均为 112.4mg/kg，变幅为 20.2～389.6mg/kg，变幅大；其次是棉田，平均含量为 90.3mg/kg，变幅为 53.1～140.6mg/kg；最低的是园地，土壤碱解氮平均含量为 88.9mg/kg，变幅 25.9～190.7mg/kg。不同用地类型土壤碱解氮含量由高到低依次为：菜地＞棉田＞粮田＞花生田＞园地。由土壤碱解氮化验结果统计分析显示，菜田的氮肥施用量高，少数地块有过量施肥的现象，见表 4-18。

表 4-18　不同用地类型土壤碱解氮含量

用地类型	平均值（mg/kg）	变幅（mg/kg）	标准差
粮田	90.3	10.8～356.4	32.96
菜地	112.4	20.2～389.6	51.25

（续）

用地类型	平均值（mg/kg）	变幅（mg/kg）	标准差
棉田	90.8	53.1～140.6	27.34
花生田	89.8	39.8～186.6	27.63
园地	88.9	25.9～190.7	23.85

4. 不同质地土壤碱解氮　不同质地土壤碱解氮含量差异不大。砂质土平均含量最高，为 95.9mg/kg，高于全市平均水平。不同质地土壤碱解氮含量由高到低依次为：砂质＞壤质＞砾质，见表 4-19。

表 4-19　不同质地类型碱解氮含量

质地类型	平均值（mg/kg）	变幅（mg/kg）	标准差
壤质	92.9	10.8～389.6	35.82
砂质	95.9	20.2～345.6	40.57
砾质	92.9	19～198.4	33.61

5. 不同区域土壤碱解氮　不同区域土壤碱解氮含量有一定的差异。潍西土壤碱解氮含量最高，平均为 102.8mg/kg，变幅为 36.0～220.0mg/kg；其他区域差异较小，潍东、潍北、潍南和潍中的平均含量分别为 91.1mg/kg、88.0mg/kg、96.4mg/kg、82.4mg/kg，潍中含量最低。碱解氮含量由高到低依次是：潍西＞潍南＞潍东＞潍北＞潍中，统计数据见表 4-20。

表 4-20　不同区域土壤碱解氮含量

不同区域	平均值（mg/kg）	变幅（mg/kg）	标准差
潍东	91.1	31.7～220.5	31.45
潍西	102.8	36.0～220.0	35.90
潍南	96.4	10.8～389.6	47.03
潍北	88.0	17.4～159.0	23.85
潍中	82.4	31.7～154.8	21.03

（三）氮素含量变化的原因

与第二次土壤普查相比，耕层土壤中全氮、碱解氮含量都有较大提高。一是因为化肥施用量有较大幅度的提高，增加了土壤中氮素的供给，提高了土壤中全氮及碱解氮的含量；二是由于增施有机肥和秸秆还田技术的广泛应用，增加了土壤有机质，改善了土壤结构，提高了土壤的保水保肥能力。本次评价耕层土壤全氮、碱解氮含量与 2012 年土壤普查时的结果基本持平，是近 10 年来大力推广测土配方施肥技术，重视有机肥的使用，氮素化肥使用量基本稳定的结果。

二、土壤磷素

磷是作物生长必需的三大营养元素之一，土壤磷素与作物产量密切相关，常用来衡量土壤磷素含量状况的指标是土壤有效磷含量，其含量高低是衡量土壤肥力水平的重要指标。

（一）土壤有效磷

经对 7 420 个土壤样本的有效磷进行化验分析，全市土壤有效磷含量总体属较高水平，平均含量 53.85mg/kg，变幅 4.3～540.0mg/kg，标准差为 4.3。处于 1 级水平的占总样本的 7.55%，2 级水平的占 8.89%，3 级水平的占 22.65%，4 级水平的占 23.30%，5 级水平的占 16.06%，6 级水平的占 9.25%，7 级水平的占 8.49%，8 级、9 级水平的分别占 3.67%、0.13%，见表 4-21。

1982 年第二次土壤普查时土壤有效磷含量为 4.9mg/kg，本次与 1982 年第二次土壤普查相比，土壤中的有效磷含量显著提高，是第二次土壤普查有效磷平均含量的 11 倍。经过几十年的土壤利用管理，特别是磷酸二铵、钙镁磷肥以及高磷复合肥的大量施用，导致土壤中磷素大量积累，显著地提升了土壤有效磷的含量。

表 4-21 耕层土壤有效磷含量分级及样本数

级别	1	2	3	4	5	6	7	8	9
标准（mg/kg）	>120	80～120	50～80	30～50	20～30	15～20	10～15	5～10	<5
样本个数（个）	560	660	1 681	1 729	1 192	686	630	272	10
占总样本比例（%）	7.55	8.89	22.65	23.30	16.06	9.25	8.49	3.67	0.13

（二）不同土壤类型土壤有效磷

不同土壤类型土壤有效磷含量差异较大。潮土的有效磷含量最高，平均为 58.0mg/kg，变幅 4.8～500.0mg/kg，变幅大，含量极不均匀；盐土有效磷含量最低，平均为 21.6mg/kg，变幅 4.5～65.0mg/kg，变幅较小；棕壤、褐土、砂姜黑土平均含量分别为 57.0mg/kg、52.7mg/kg 和 39.4mg/kg。不同土类土壤有效磷含量由高到低依次为：潮土>棕壤>褐土>砂姜黑土>盐土，数据见表 4-22。

潮土中各亚类土壤有效磷含量差异较大，湿潮土、脱潮土的含量都显著高于全市平均水平，脱潮土含量最高，平均为 77.78mg/kg。盐化潮土、潮土均低于平均水平，盐化潮土含量最低，平均为 30.93mg/kg。各亚类有效磷含量由高到低依次为：脱潮土>湿潮土>潮土>盐化潮土。

褐土中各亚类土壤有效磷含量差异大，石灰性褐土含量最低，平均为 35.72mg/kg，显著低于全市平均水平；其他各亚类与全市水平相近，褐土含量最高，平均为 59.19mg/kg。各亚类有效磷含量排列顺序为：褐土>潮褐土>淋溶褐土>褐土性土>石灰性褐土。

棕壤中各亚类土壤有效磷含量与全市平均水平相近，潮棕壤含量最高，平均为 62.65mg/kg，棕壤和棕壤性土有效磷平均含量分别为 55.62mg/kg、55.71mg/kg，与 2012 年相比棕壤性土的有效磷含量显著提高。各亚类有效磷含量由高到低依次为：潮棕壤>棕壤性土>棕壤。

砂姜黑土中砂姜黑土、石灰性砂姜黑土两个亚类的有效磷平均含量分别为 39.40mg/kg、32.97mg/kg，有效磷含量均低于全市平均水平。

表 4-22 不同土壤类型及亚类土壤有效磷含量

土类	平均值（g/kg）	亚类	平均值（g/kg）	变幅（g/kg）	标准差
棕壤	57.0	棕壤	55.62	4.3～345	39.98
		潮棕壤	62.65	6～203.5	35.42
		棕壤性土	55.71	7.2～212.5	37.17
潮土	58.0	潮土	56.47	4.8～500	43.68
		湿潮土	65.25	6.1～540	79.43
		脱潮土	77.78	5～530	90.67
		盐化潮土	30.93	5～125	22.20
褐土	52.7	褐土	59.19	4.5～530	73.69
		石灰性褐土	35.72	11.5～63.8	22.85
		淋溶褐土	50.38	5～410	42.45
		潮褐土	51.16	4.5～500	49.64
		褐土性土	50.18	5.1～205	44.07
砂姜黑土	39.4	砂姜黑土	39.40	4.4～420	37.25
		石灰性砂姜黑土	32.97	9.2～82.8	33.91
盐土	21.6	滨海潮盐土	21.58	4.5～65	14.07

（三）不同用地类型土壤有效磷

土壤有效磷是养分变化较大的指标之一，不同利用类型土壤有效磷含量差异显著。其中菜田含量最高，平均为113.4mg/kg，较丰富，变幅为5.0～540.0mg/kg，含量极不均衡；其次为园地，平均为64.4mg/kg，变幅7.3～470.0mg/kg；棉田含量最低，平均为26.5mg/kg，变幅5.0～90.0mg/kg。受经济利益影响，在高效经济作物上磷肥的施用量较大，个别地块存在过量施用磷肥的趋势。不同用地类型土壤有效磷含量由高到低依次为：蔬地＞园地＞花生田＞粮田＞棉田，见表4-23。

表 4-23 不同用地类型土壤有效磷含量

用地类型	平均值（mg/kg）	变幅（mg/kg）	标准差
粮田	44.7	4.3～500.0	39.94
菜地	113.4	5.0～540.0	87.23
棉田	26.5	5.0～90.0	21.00
花生田	63.2	5.8～195.0	36.75
园地	64.4	7.3～470.0	42.66

（四）不同质地类型土壤有效磷

不同土壤质地类型有效磷含量差异不大。砾质土的有效磷含量最低，平均为45.93mg/kg，变幅为10.4～160mg/kg；壤质土的有效磷含量最高，平均为54.32mg/kg。不同土壤质地类型土壤有效磷含量由高到低依次为：壤质＞砂质＞砾质，数据见表4-24。

表 4 - 24 不同质地类型土壤有效磷含量

质地类型	平均值（mg/kg）	变幅（mg/kg）	标准差
壤质土	54.32	4.3～540	54.05
砂质土	50.20	5.6～200	36.10
砾质土	45.93	10.4～160	32.69

（五） 不同区域土壤有效磷

不同区域土壤有效磷含量差异较小。潍南有效磷含量最高，平均为 70.13mg/kg，变幅为 4.5～440.0mg/kg，变幅较大，主要原因是该区域施肥量高的高效经济作物样本较多，故土壤有效磷含量较高；潍东、潍西、潍北及潍中的有效磷含量分别为 49.07mg/kg、62.06mg/kg、53.28mg/kg、37.47mg/kg。不同区域土壤有效磷含量由高到低依次为：潍南＞潍西＞潍北＞潍东＞潍中，数据见表 4 - 25。

表 4 - 25 不同区域土壤有效磷含量

不同区域	平均值（mg/kg）	变幅（mg/kg）	标准差
潍东	49.07	4.3～203.5	27.94
潍西	62.06	4.5～500.0	66.56
潍南	70.13	4.5～440.0	55.26
潍北	53.28	4.5～540.0	65.24
潍中	37.47	5.1～154.5	21.66

三、土壤钾素

钾素能够显著提高植物光合作用强度，促进作物体内淀粉和糖的积累，增强作物的抗逆性。土壤中的钾一般分为矿物态钾、缓效性钾（缓效钾）和速效性钾（速效钾）三部分。矿物态钾约占土壤全钾的 96％，在短期内不能被植物吸收利用，只有经过物理、化学过程被缓慢释放后，才能补充缓效性钾和速效性钾。缓效性钾通常占全钾量的 2％以下，与植物吸收的钾有密切关系。速效性钾包括被土壤胶体吸附的钾和土壤溶液中的钾，一般占全钾的 1％～2％，能在短期内被作物吸收。本次耕地质量评价对耕层土壤缓效钾、速效钾进行了化验分析，用于本次评价的土壤缓效钾样品 4 117 个、速效钾样品 7 425 个，其结果如下。

（一） 土壤缓效钾

1. 土壤缓效钾 土壤缓效钾含量是土壤供钾潜力及能力高低的重要标志。经对 4 117 个土壤样本化验分析，全市耕层土壤缓效钾平均含量为 632.2mg/kg，含量中等偏下，变幅 136.0～1 793.0mg/kg，标准差为 196.2。处于 1 级水平的占总样本的 1.51％，2 级水平的占 7.70％，3 级水平的占 14.02％，4 级水平的占 52.10％，5 级水平的占 23.10％，6 级水平的占 1.58％，见表 4 - 26。

表 4 - 26　耕层土壤缓效钾含量分级及样本数

级别	1	2	3	4	5	6
标准（mg/kg）	>1 200	900～1 200	750～900	500～750	300～500	<300
样本数（个）	62	317	577	2 145	951	65
占总样本比例（%）	1.51	7.70	14.02	52.10	23.10	1.58

2. 不同土壤类型土壤缓效钾　不同土壤类型土壤缓效钾差异较大。潮土最高，平均含量为 678.4mg/kg，变幅为 136.0～1 793.0mg/kg。棕壤平均含量最低，为 571.5mg/kg，变幅为 201.0～1 629.0mg/kg。不同土壤类型土壤缓效钾含量由高到低依次为：潮土＞盐土＞褐土＞砂姜黑土＞棕壤，数据见表 4 - 27。

棕壤中各亚类中的棕壤性土土壤缓效钾含量最高，平均为 600.4mg/kg；棕壤最低，平均含量为 552.5mg/kg。各亚类土壤缓效钾含量由高到低依次为：棕壤性土＞潮棕壤＞棕壤。

潮土中各亚类土壤缓效钾含量差异较大，盐化潮土含量最高，平均为 758.2g/kg；潮土含量最低，平均为 648.4mg/kg，略低于全市平均水平。各亚类土壤缓效钾含量由高到低顺序为：盐化潮土＞湿潮土＞脱潮土＞潮土。

褐土中各亚类土壤缓效钾含量差异很大，淋溶褐土含量最低，平均含量为 594.6mg/kg；石灰性褐土含量最高，平均为 863.3mg/kg。各亚类土壤缓效钾含量由高到低依次为：石灰性褐土＞褐土＞褐土性土＞潮褐土＞淋溶褐土。

砂姜黑土中的两个亚类土壤缓效钾含量略有不同，砂姜黑土平均含量为 578.04mg/kg，石灰性砂姜黑土平均含量为 615.75mg/kg，均低于全市平均含量。

表 4 - 27　不同土壤类型及亚类土壤缓效钾含量

土类	平均值（mg/kg）	亚类	平均值（mg/kg）	变幅（mg/kg）	标准差
棕壤	571.5	棕壤	552.5	209.0～1 428.0	202.2
		潮棕壤	576.1	201.0～1 567.0	244.4
		棕壤性土	600.4	213.0～1 629.0	228.3
潮土	678.4	潮土	648.4	136.0～1 793.0	208.1
		湿潮土	698.2	300.0～1 512.0	231.4
		脱潮土	687.8	196.3～1 644.0	223.0
		盐化潮土	758.2	256.0～1 469.0	227.1
褐土	615.2	褐土	668.9	184.0～1 529.0	200.6
		石灰性褐土	863.3	691.0～1 076.0	133.9
		淋溶褐土	594.6	195.0～1 297.0	145.6
		潮褐土	607.1	218.0～1 399.0	143.4
		褐土性土	620.7	290.0～1 137.0	161.4
砂姜黑土	578.5	砂姜黑土	578.0	218.0～1 208.0	155.8
		石灰性砂姜黑土	615.8	558.0～678.0	59.2
盐土	658.4	滨海潮盐土	658.4	314.0～1 391.0	246.2

3. 不同用地类型土壤缓效钾　不同用地类型土壤缓效钾含量差异较大。菜地含量最

高，平均为 737.3mg/kg，变幅为 209.0～1 793.0mg/kg；其次为棉田，平均含量为 633.7mg/kg，变幅为 256.0～1 391.0mg/kg；花生田含量最低，平均为 545.2mg/kg，变幅为 242.0～1 030.0mg/kg。因是菜地，用肥量较大，菜地土壤缓效钾含量明显高于其他用地类型。不同用地类型土壤缓效钾含量由高到低依次为：菜地＞棉田＞粮田＞园地＞花生田。统计数据见表 4 - 28。

表 4 - 28　不同用地类型土壤缓效钾含量

用地类型	平均值（mg/kg）	变幅（mg/kg）	标准差
粮田	618.5	136.0～1 644.0	188.5
菜地	737.3	209.0～1 793.0	204.1
棉田	633.7	256.0～1 391.0	266.4
花生田	545.2	242.0～1 030.0	182.2
园地	589.4	213.0～970.0	211.9

4. 不同区域土壤缓效钾　不同区域土壤缓效钾含量有较大差异。潍南区平均含量最高，为 834.7mg/kg，变幅为 184～1 629mg/kg，变幅较大；其次是潍西区和潍北区，平均含量均为 682.2mg/kg，变幅分别为 195.0～1 644.0mg/kg、136.0～1 793.0mg/kg；最低是潍东区，平均含量是 529.5mg/kg，变幅为 201.0～1 210.0mg/kg。不同区域土壤缓效钾含量由高到低依次为：潍南＞潍西、潍北＞潍中＞潍东。统计数据见表 4 - 29。

表 4 - 29　不同区域土壤缓效钾含量

不同区域	平均值（mg/kg）	变幅（mg/kg）	标准差
潍东	529.5	201.0～1 210.0	163.6
潍西	682.2	195.0～1 644.0	201.0
潍南	834.7	184.0～1 629.0	289.8
潍北	682.2	136.0～1 793.0	219.8
潍中	587.1	345.0～989.6	83.2

5. 不同质地类型土壤缓效钾　不同质地类型土壤缓效钾差异显著。砂质土含量最高，平均含量为 645.1mg/kg，变幅为 213.0～1 629.0mg/kg；砾质土含量最低，平均含量为 543.2mg/kg，变幅 382.0～878.0mg/kg。不同质地类型土壤缓效钾含量由高到低趋势依次为：砂质＞壤质＞砾质。统计数据见表 4 - 30。

表 4 - 30　不同质地土壤缓效钾含量

质地类型	平均值（mg/kg）	变幅（mg/kg）	变异系数
壤质土	632.5	136.0～1 793.0	195.18
砂质土	645.1	213.0～1 629.0	239.25
砾质土	543.2	382.0～878.0	170.23

（二）土壤速效钾

1. 土壤速效钾　土壤速效钾是影响土壤肥力的重要因素之一，土壤速效钾含量与土壤对作物供钾能力正相关。经对 7 425 个土壤样本化验分析，全市土壤速效钾平均含量为

198.2mg/kg，属中等偏上水平，变幅 33.0～1 388.0mg/kg，变幅较大。其中：1 级水平的占总样本的 9.70%，2 级水平的占 26.87%，3 级水平的占 24.43%，4 级水平的占 16.62%，5 级水平的占 10.33%，6 级水平的占 9.32%，7 级水平的占 2.44%，8 级水平的占 0.30%，见表 4-31。

1982 年第二次土壤普查时，土壤速效钾含量平均为 102mg/kg，与第二次土壤普查时相比含量提高了 96.2mg/kg，提高的原因：一是钾肥施用量明显增加；二是有机肥施用量显著增加；三是高钾复合肥应用越来越普及；四是秸秆还田面积大幅度增加。

表 4-31 耕层土壤速效钾含量分级及样本数

级别	1	2	3	4	5	6	7	8
标准（mg/kg）	>300	200～300	150～200	120～150	100～120	75～100	50～75	<50
样本数（个）	720	1 995	1 814	1 234	767	692	181	22
占耕地总面积比例（%）	9.70	26.87	24.43	16.62	10.33	9.32	2.44	0.30

2. 不同土壤类型土壤速效钾 不同土壤类型土壤速效钾含量差异较大。盐土土壤速效钾含量最高，平均含量为 220.0mg/kg；其次是潮土，平均含量为 213.3mg/kg；棕壤含量最低，平均为 169.3mg/kg。不同土壤类型土壤速效钾含量由高到低依次为：盐土>潮土>褐土>砂姜黑土>棕壤，见表 4-32。

棕壤中各亚类土壤速效钾含量差异较小，各亚类含量均低于全市平均水平，棕壤、棕壤性土和潮棕壤的含量依次降低，平均含量分别为 170.8mg/kg、170.4mg/kg、163.5mg/kg。

潮土各亚类土壤速效钾含量差异显著，脱潮土含量最高，平均为 292.5mg/kg；其次为湿潮土，平均含量为 262.4mg/kg；潮土含量最低，平均为 183.0mg/kg。各亚类土壤速效钾含量由高到低依次为：脱潮土>湿潮土>盐化潮土>潮土。

褐土各亚类土壤速效钾含量差异较大，褐土含量最高，平均为 235.5mg/kg；淋溶褐土含量最低，平均为 173.7mg/kg。各亚类土壤速效钾含量由高到低依次为：褐土>石灰性褐土>潮褐土>褐土性土>淋溶褐土。

砂姜黑土中的石灰性砂姜黑土土壤速效钾含量略高于砂姜黑土，平均含量分别为 205.3mg/kg、178.4mg/kg。

表 4-32 不同土壤类型及亚类土壤速效钾含量

土类	平均值（g/kg）	亚类	平均值（g/kg）	变幅（g/kg）	标准差
棕壤	169.3	棕壤	170.8	33～1 182	107.84
		潮棕壤	163.5	41～630	97.33
		棕壤性土	170.4	48～574	88.31
潮土	213.3	潮土	183.0	38～1 226	98.96
		湿潮土	262.4	60～1 244	174.41
		脱潮土	292.5	71～1 388	214.56
		盐化潮土	191.6	52～589	76.87

（续）

土类	平均值（g/kg）	亚类	平均值（g/kg）	变幅（g/kg）	标准差
		褐土	235.5	59～1 373	168.00
		石灰性褐土	215.5	177～288	39.10
褐土	199.1	淋溶褐土	173.7	40～1 244	106.04
		潮褐土	202.2	40～1 300	113.55
		褐土性土	177.5	44～1 119	121.12
砂姜黑土	178.6	砂姜黑土	178.4	48～822	108.33
		石灰性砂姜黑土	205.3	174～230	24.43
盐土	220.0	滨海潮盐土	220.0	111～639	105.74

3. 不同用地类型土壤速效钾 土壤速效钾含量受人为活动影响较大，不同的栽培作物之间差异显著。菜地土壤速效钾含量最高，平均含量为 303.3mg/kg，变幅 41.0～1 388.0mg/kg，含量极不均衡；次其是棉田，平均含量为 261.1mg/kg，变幅 118.0～589.0mg/kg；花生田平均含量最低，为 153.3mg/kg，变幅 48.0～482.0mg/kg。不同用地类型土壤速效钾含量由高到低依次为：菜田＞棉田＞园地＞粮田＞花生田，见表 4-33。

表 4-33　不同用地类型土壤速效钾含量

用地类型	平均值（mg/kg）	变幅（mg/kg）	变异系数（%）	标准差
粮田	182.6	33.0～1 339.0	58.69	107.18
菜地	303.3	41.0～1 388.0	67.27	204.02
棉田	261.1	118.0～589.0	42.47	110.88
花生	153.3	48.0～482.0	44.84	68.74
园地	218.1	51.0～855.0	53.87	117.49

4. 不同区域土壤速效钾 土壤速效钾含量从区域分布来看，潍西含量最高，平均为 228.3mg/kg，变幅为 60.0～1 339.0mg/kg；其次是潍北，平均为 226.5mg/kg，变幅为 52.0～1 388.0mg/kg；潍中含量最低，平均为 155.8mg/kg，变幅为 40.0～396.0mg/kg。不同区域土壤速效钾含量由高到低依次为：潍西＞潍北＞潍南＞潍东＞潍中，见表 4-34。

表 4-34　不同区域土壤速效钾含量

不同区域	平均值（mg/kg）	变幅（mg/kg）	标准差
潍东	158.1	43.0～855.0	81.15
潍西	228.3	60.0～1 339.0	158.64
潍南	213.9	33.0～1 182.0	139.09
潍北	226.5	52.0～1 388.0	148.86
潍中	155.8	40.0～396.0	49.11

5. 不同质地类型土壤速效钾 土壤速效钾含量与质地类型关系密切，不同质地类型

土壤速效钾含量差异较大，壤质土含量最高，平均为 200.0mg/kg，变幅为 33.0～1 388.0mg/kg，变幅很大，不同区域的壤质土土壤速效钾含量差异显著；砂质土含量最低，平均为 164.8mg/kg。砂质土和砾质土的土壤速效钾含量均低于全市平均水平，不同质地类型土壤速效钾含量由高到低依次为：壤质土＞砾质土＞砂质土。统计数据见表4-35。

表4-35　不同质地类型土壤速效钾含量

质地类型	平均值（mg/kg）	变幅（mg/kg）	标准差
壤质土	200.0	33.0～1 388.0	130.35
砂质土	164.8	38.0～1 119.0	101.61
砾质土	192.5	49.0～956.0	147.62

第三节　土壤中量营养元素状况

土壤中量营养元素是指植物体内含量相对较高的营养元素，通常包括钙、镁、硫3种，简称为中量元素。土壤中量元素含量高低直接影响作物的生长发育。参与本次评价的交换性钙样品2 121个，交换性镁样品2 107个，有效硫样品3 722个。

一、土壤交换性钙

1. 土壤交换性钙　土壤中的钙以多种形态存在，主要以碳酸盐形式为主，其含量高低与土壤的酸碱性、盐基饱和度、土壤结构、土壤胶体的交换性、各种养分的有效性密切相关，在生产实际中有重要作用。通常用交换性钙作为土壤钙有效性的划分标准。潍坊市土壤交换性钙平均含量为4 180.1mg/kg，含量较丰富，变幅为256.9～20 000.0mg/kg。其中1级水平的占总样本的15.79％，2级水平的占21.40％，3级水平的占23.53％，4级水平的占13.15％，5级水平的占12.35％，6级水平的占8.58％，7级水平的占2.12％，8级水平的占3.06％，见表4-36。

表4-36　土壤交换性钙分级及样本数

级别	1	2	3	4	5	6	7	8
标准（mg/kg）	＞6 000	4 000～6 000	3 000～4 000	2 500～3 000	2 000～2 500	1 500～2 000	1 000～1 500	＜1 000
样本数（个）	335	454	499	279	262	182	45	65
占总样本比例（％）	15.79	21.40	23.53	13.15	12.35	8.58	2.12	3.06

2. 不同土壤类型土壤交换性钙　土壤交换性钙含量与土壤类型有密切关系。砂姜黑土交换性钙平均含量较高，为6 298mg/kg；棕壤最低，平均含量为2926.4mg/kg，变幅373～6 853mg/kg；盐土、潮土、褐土的平均含量分别为6 044.7mg/kg、4 160.7mg/kg、4 148.7mg/kg。不同土壤类型土壤交换性钙含量高低依次为：砂姜黑土＞盐土＞潮土＞褐土＞棕壤，见表4-37。

棕壤各亚类交换性钙含量差异较小,棕壤含量最低,平均为2 779.1mg/kg,变幅520～7 235mg/kg;潮棕壤、棕壤性土平均含量分别为3 092.7mg/kg、3 053.0mg/kg。

潮土各亚类交换性钙含量差异较大,湿潮土含量最高,平均为5 980.4mg/kg,变幅为754～15 975mg/kg;潮土含量最低,平均为3 792.6mg/kg。各亚类交换性钙含量由高到低顺序为:湿潮土＞盐化潮土＞脱潮土＞潮土。

褐土各亚类交换性钙含量差异显著,潮褐土含量最高,平均为4 684.5mg/kg,变幅664～19 505.3mg/kg;褐土性土含量最低,平均为3 731.7mg/kg,变幅723.8～10 681.3mg/kg。各亚类交换性钙含量由高到低依次为:潮褐土＞褐土＞淋溶褐土＞石灰性褐土。

表4-37 不同土壤类型及亚类土壤交换性钙含量

土类	平均值（mg/kg）	亚类	平均值（mg/kg）	变幅（mg/kg）	标准差
棕壤	2 926.4	棕壤	2 779.1	520～7 235	1 189.7
		潮棕壤	3 092.7	945～6 981.3	1 374.2
		棕壤性土	3 053.0	634～8 694.4	1 541.3
潮土	4 160.7	潮土	3 792.6	256.9～16 653.1	2 587.0
		湿潮土	5 980.4	754～15 975	3 816.0
		脱潮土	4 513.6	812～16 920	3 434.5
		盐化潮土	4 661.4	1 825～17 613	2 489.7
褐土	4 148.7	褐土	4 370.6	416.3～13 275	2 393.6
		淋溶褐土	3 775.4	653.1～12 609.4	1 810.2
		潮褐土	4 684.5	664～19 505.3	3 189.6
		褐土性土	3 731.7	723.8～10 681.3	1 930.5
砂姜黑土	6 298.0	砂姜黑土	6 298.0	455～20 000	4 203.0
盐土	6 044.7	滨海潮盐土	5 632.5	1 393.8～15 340.6	4 022.3

3. 不同用地类型土壤交换性钙 不同用地类型土壤交换性钙含量差异较小。棉田最高,平均含量为9 108.3mg/kg,变幅3 018.8～17 613.0mg/kg;花生田含量最低,平均为3 177.7mg/kg,变幅634.0～15 525.3mg/kg。不同用地类型交换性钙含量由高到低依次为:棉田＞菜地＞粮田＞园地＞花生田,见表4-38。

表4-38 不同用地类型土壤交换性钙含量

用地类型	平均值（mg/kg）	变幅（mg/kg）	标准差
粮田	4 175.0	256.9～20 000.0	2 802.36
菜地	4 438.7	845.0～16 328.6	2 929.63
棉田	9 108.3	3 018.8～17 613.0	4 425.46
花生田	3 177.7	634.0～15 525.3	2 080.72
园地	3 526.1	785.31～16 920.0	3 121.18

4. 不同区域土壤交换性钙 不同区域土壤交换性钙,潍北区含量最高,平均为

4 849.3mg/kg，变幅为 812.0～17 613.0mg/kg；潍中含量最低，平均为 3 232.1mg/kg，变幅 256.9～10 196.9mg/kg。不同区域土壤交换性钙含量由高到低依次为：潍北＞潍南＞潍西＞潍东＞潍中，见表 4 - 39。

表 4 - 39　不同区域土壤交换性钙含量

不同区域	平均值（mg/kg）	变幅（mg/kg）	标准差
潍东	3 888.0	455.0～20 000.0	2 924.99
潍西	4 184.6	634.0～19 505.3	2 655.39
潍南	4 498.4	520.0～12 031.3	2 646.18
潍北	4 849.3	812.0～17 613.0	3 183.22
潍中	3 232.1	256.9～10 196.9	1 558.65

5. 不同质地类型土壤交换性钙　不同质地类型土壤交换性钙含量差异较大。壤质土最高，平均为 4 296.0mg/kg，变幅 256.9～20 000.0mg/kg，变幅大说明含量很不均衡；砂质土含量最低，平均为 3 108.6mg/kg。不同质地类型土壤交换性钙含量由高到低依次为：壤质＞砾质＞砂质，见表 4 - 40。

表 4 - 40　不同质地类型土壤交换性钙含量

质地类型	平均值（mg/kg）	变幅（mg/kg）	标准差
壤质土	4 296.0	256.9～20 000.0	2 900.9
砂质土	3 108.6	634.0～8 694.4	1 606.7
砾质土	3 434.3	723.8～7 803.8	3 088.5

二、土壤交换性镁

土壤中交换性镁含量与交换性钙含量有较密切的关系，一般来说，石灰性母质形成的土壤，碳酸盐含量丰富，交换性钙含量高，交换性镁含量亦高。

1. 土壤交换性镁　据化验数据分析，全市土壤交换性镁平均含量为 411.2mg/kg，含量较丰富，变幅为 80.0～1 758.8mg/kg，变异系数为 7.4%。其中 1 级水平的占总样本的 15.52%，2 级水平的占 27.24%，3 级水平的占 26.39%，4 级水平的占 11.34%，5 级水平的占 11.68%，6 级水平的占 5.65%，7 级水平的占 2.18%，见表 4 - 41。

表 4 - 41　土壤交换性镁分级及样本数

级别	1	2	3	4	5	6	7
标准（mg/kg）	＞600	400～600	300～400	250～300	200～250	150～200	＜150
样本数（个）	327	574	556	239	246	119	46
占样本总数比例（%）	15.52	27.24	26.39	11.34	11.68	5.65	2.18

2. 不同土壤类型土壤交换性镁　不同土壤类型土壤交换性镁含量差异较大。盐土含量最高，平均为 568.1mg/kg；其次为砂姜黑土，平均为 443.9mg/kg；棕壤含量最低，平均含量 379.0mg/kg；最大值出现在盐土，最小值出现在棕壤。不同土壤类型交换性镁

含量由高到低依次为：盐土＞砂姜黑土＞潮土＞褐土＞棕壤，见表 4-42。

棕壤各亚类交换性镁含量低于全市平均水平，潮棕壤含量略高于棕壤性土，平均含量分别为 401.8mg/kg、384.2mg/kg；棕壤含量最低，平均为 366.8mg/kg。

潮土各亚类交换性镁含量差异较大。湿潮土的含量最高，为 541.4mg/kg；其次为盐化潮土，含量为 487.5mg/kg；脱潮土含量略高于潮土，平均含量分别为 422.2mg/kg、400.7mg/kg。各亚类交换性镁含量由高到低依次为：湿潮土＞盐化潮土＞脱潮土＞潮土。

褐土各亚类交换性镁含量差异大。褐土含量最高，平均为 409.8mg/kg，变幅为 124.4~1 501.3mg/kg，变幅较大，含量不均衡；淋溶褐土含量最低，平均为 394.1mg/kg，变幅为 98.8~1 117.2mg/kg。各亚类交换性镁含量由高到低依次为：褐土＞褐土性土＞潮褐土＞淋溶褐土。

砂姜黑土土类仅采取了砂姜黑土一个亚类的样本，平均含量为 443.9mg/kg，变幅为 110.0~931.3mg/kg。

表 4-42　不同土壤类型及亚类土壤交换性镁含量

土类	平均值（mg/kg）	亚类	平均值（mg/kg）	变幅（mg/kg）	标准差
棕壤	379.0	棕壤	366.8	80.0~1 200.0	210.06
		潮棕壤	401.8	99.8~1 137.5	254.98
		棕壤性土	384.2	105.2~1 175.0	191.03
潮土	426.4	潮土	400.7	106.1~1 379.4	182.94
		湿潮土	541.4	151.0~1 260.0	275.23
		脱潮土	422.2	116.2~933.1	160.08
		盐化潮土	487.5	152.5~1 013.8	193.27
褐土	400.4	褐土	409.8	124.4~1 501.3	202.26
		淋溶褐土	394.1	98.8~1 117.2	178.40
		潮褐土	403.4	86.9~1 175.4	165.12
		褐土性土	405.1	120.0~966.9	211.94
砂姜黑土	443.9	砂姜黑土	443.9	110.0~931.3	163.83
盐土	568.1	滨海潮盐土	568.1	189.0~1 758.8	542.14

3. 不同用地类型土壤交换性镁　不同用地类型土壤交换性镁含量差异显著。棉田含量最高，平均含量为 529.4mg/kg，变幅 280.0~803.8mg/kg；其次为菜地，平均含量为 436.2mg/kg，变幅 80.0~992.4mg/kg；园地含量最低，平均含量为 339.7mg/kg，变幅 113.1~852.4mg/kg。潍坊市的棉田主要分布在北部滨海盐土和盐化潮土上，该区域交换性镁含量普遍较高。不同用地类型土壤交换性镁含量由高到低依次为：棉田＞菜地＞粮田＞花生田＞园地，见表 4-43。

表 4-43　不同用地类型土壤交换性镁含量

用地类型	平均值（mg/kg）	变幅（mg/kg）	标准差
粮田	411.6	82.5~1 758.8	194.59

（续）

用地类型	平均值（mg/kg）	变幅（mg/kg）	标准差
菜地	436.2	80.0～992.4	191.29
棉田	529.4	280.0～803.8	176.92
花生田	353.0	105.2～1 175	205.83
园地	339.7	113.1～852.4	177.47

4. 不同区域土壤交换性镁 不同区域土壤交换性镁含量差异不明显。潍北最高，平均含量为441.0mg/kg，潍中最低，平均含量为367.9mg/kg。不同区域土壤交换性镁含量由高到低依次为：潍北＞潍南＞潍东＞潍西＞潍中，见表4-44。

表4-44 不同区域土壤交换性镁含量

不同区域	平均值（mg/kg）	变幅（mg/kg）	标准差
潍东	408.3	110～1 200	204.12
潍西	393.7	80～1 175.4	188.69
潍南	423.5	82.5～1 038.8	210.36
潍北	441.0	86.9～1 758.8	198.82
潍中	367.9	92～952.8	158.45

5. 不同质地类型土壤交换性镁 不同质地类型土壤交换性镁含量略有差异。壤质土含量较高，平均为417.6mg/kg；砂质土含量最低，平均为358.3mg/kg。不同质地类型土壤交换性镁含量由高到低依次为：壤质＞砾质＞砂质，见表4-45。

表4-45 不同质地类型土壤交换性镁含量

质地类型	平均值（mg/kg）	变幅（mg/kg）	标准差
壤质土	417.6	82.5～1 758.8	197.04
砂质土	358.3	80～1 140.63	192.06
砾质土	415.0	238.8～874.8	308.08

三、土壤有效硫

1. 土壤有效硫 土壤硫主要来自母质、灌溉水、大气干湿沉降以及施肥等。潍坊市土壤有效硫平均含量为51.4mg/kg，处于4级水平，标准差为57.5，变幅2.5～766.3mg/kg，变幅大。其中1级水平的占总样本的7.85%，2级水平的占6.29%，3级水平的占6.48%，4级水平的占11.79%，5级水平的占35.30%，6级水平的占27.03%，7级水平的占5.27%，见表4-46。

表4-46 耕层土壤有效硫含量分级及样本数

级别	1	2	3	4	5	6	7
标准（mg/kg）	＞100	75～100	60～75	45～60	30～45	15～30	＜15
样本数（个）	292	234	241	439	1 314	1 006	196
占样本总数比例（%）	7.85	6.29	6.48	11.79	35.30	27.03	5.27

2. 不同土壤类型土壤有效硫 不同土壤类型土壤有效硫含量差异较大。潮土含量最高,平均为 58.5mg/kg,变幅 2.5～704.4mg/kg;棕壤含量最低,平均为 41.4mg/kg,变幅 7.9～159.0mg/kg。不同土壤类型土壤有效硫含量由高到低依次为:潮土＞盐土＞砂姜黑土＞褐土＞棕壤,见表 4-47。

棕壤各亚类土壤有效硫含量差异不大,含量均低于全市平均水平,棕壤、潮棕壤、棕壤性土的平均含量分别为 43.85mg/kg、40.42mg/kg、38.62mg/kg,各亚类土壤有效硫含量由高到低依次为:棕壤＞潮棕壤＞棕壤性土。

潮土各亚类土壤有效硫含量差异显著。脱潮土含量最高,平均为 93.94mg/kg,变幅为 6.4～663.6mg/kg;潮土含量最低,平均为 40.90mg/kg,变幅为 2.5～606.4mg/kg。各亚类土壤有效硫含量由高到低依次为:脱潮土＞湿潮土＞盐化潮土＞潮土。

褐土各亚类土壤有效硫含量差别较大。褐土含量最高,平均为 62.20mg/kg;淋溶褐土含量最低,平均为 38.95mg/kg;土壤有效硫含量最大值出现在潮褐土,潮褐土土壤有效硫含量各地差异较大。各亚类土壤有效硫含量由高到低依次为:褐土＞褐土性土＞潮褐土＞淋溶褐土。

砂姜黑土两个亚类的土壤有效硫含量差异大,砂姜黑土亚类高于石灰性砂姜黑土亚类,其土壤有效硫含量分别是 51.69mg/kg、31.98mg/kg。

表 4-47 不同土壤类型及亚类土壤有效硫含量

土类	平均值 (mg/kg)	亚类	平均值 (mg/kg)	变幅 (mg/kg)	变异系数	标准差
棕壤	41.4	棕壤	43.85	10.34～147.8	56.74%	24.88
		潮棕壤	40.42	11.53～115.7	49.09%	19.84
		棕壤性土	38.62	7.9～159.0	51.00%	19.70
褐土	47.7	褐土	62.20	3.5～766.3	136.14%	84.68
		淋溶褐土	38.95	6.38～187.8	57.66%	22.46
		潮褐土	47.19	4.9～691.9	87.95%	41.51
		褐土性土	47.38	10.0～631.8	146.25%	69.30
潮土	58.5	潮土	40.90	2.5～606.4	107.54%	43.98
		湿潮土	75.06	11.3～704.4	118.49%	88.94
		脱潮土	93.94	6.4～663.6	104.96%	98.60
		盐化潮土	47.17	4.3～296.8	92.05%	43.42
砂姜黑土	51.4	砂姜黑土	51.69	10.6～368.5	97.34%	50.32
		石灰性砂姜黑土	31.98	27.8～35.9	12.63%	4.04
盐土	53.3	滨海潮盐土	53.30	18～282.6	74.85%	39.90

3. 不同用地类型土壤有效硫 不同用地类型土壤有效硫含量差异显著,菜地显著高于其他用地类型,平均含量为 115.9mg/kg,含量高达 1 级水平,变幅 11.0～766.3mg/kg,变幅较大,说明设施菜地施用含硫肥料用量差异较大。其他用地类型含量差异小,园地高于其他用地类型。不同用地类型土壤有效硫含量由高到低依次为:菜地＞园地＞棉田＞花

生田>粮田，见表 4-48。

表 4-48 不同用地类型土壤有效硫含量

用地类型	平均值（mg/kg）	变幅（mg/kg）	标准差
粮田	40.6	2.5～691.9	30.66
菜地	115.9	11.0～766.3	114.90
棉田	59.7	29.5～296.8	45.11
花生田	42.3	7.9～187.8	23.70
园地	60.1	9.25～281.9	49.55

4. 不同区域土壤有效硫 不同区域土壤有效硫含量差异较大，潍北含量最高，明显高于其他区域，平均为 66.10mg/kg；潍中含量最低，平均含量为 39.30mg/kg，潍中以粮食作物为主，施用含硫化肥的比例和用量较低，因此，该区土壤有效硫含量较低。不同区域土壤有效硫含量由高到低依次为：潍北>潍南>潍西>潍东>潍中，见表 4-49。

表 4-49 不同区域土壤有效硫含量

不同区域	平均值（mg/kg）	变幅（mg/kg）	标准差
潍东	39.39	9.25～141.5	20.56
潍西	47.00	6.38～691.9	47.37
潍南	52.56	24.1～631.8	79.92
潍北	66.10	2.5～766.25	79.36
潍中	39.30	8.88～155.63	21.95

5. 不同质地类型土壤有效硫 不同质地类型土壤有效硫含量差异较大。壤质土含量最高，平均为 52.5mg/kg，变幅 2.5～766.3mg/kg，变幅大；砾质土含量最低，平均为 32.5mg/kg，变幅为 30.3～34.8mg/kg，变幅小。最高值和最低值均出现在壤质土，壤质土土壤有效硫含量差异显著，说明各地土壤有效硫含量极不均衡。不同质地土壤有效硫含量由高到低依次为：壤质>砂质>砾质，见表 4-50。

表 4-50 不同质地类型土壤有效硫含量

质地类型	平均值（mg/kg）	变幅（mg/kg）	标准差
壤质土	52.5	2.5～766.3	58.75
砂质土	40.3	9.3～147.8	25.24
砾质土	32.5	30.3～34.8	2.24

第四节　土壤微量营养元素状况

土壤微量元素是指土壤中含量很低，但作物正常生长发育不可缺少和不可替代的营养元素。当作物缺乏任何一种微量元素时，生长发育就会受到抑制，导致减产和品质下降，特别严重的会绝产绝收；反之，如果这些元素过多，又会出现中毒现象，影响作物的产量和品质，还会引起人、畜某些地方病的发生。土壤中的微量元素有效态含量是评价土壤微量元素丰缺的指标，它受土壤酸碱度、氧化还原电位、有机质含量等条件的影响。化验分析土壤有效态微量元素含量，摸清其分布规律和存在问题，可为制定作物施肥配方和指导农民科学施肥奠定基础，也可为农业生产和农产品质量安全提供技术支持。

本次耕地质量评价，化验分析了锌、硼、锰、铁、铜、钼 6 种微量元素。

一、有效锌

锌具有调节植物体内氧化还原过程的作用，锌能促进生长素（吲哚乙酸）的合成，缺锌时芽和茎中的生长素明显减少，植物生长受阻，叶子变小；锌还能促进光合作用，因为扩散到叶绿体中的碳酸，需要以锌作为活化剂的碳酸酐酶促进其分解出 CO_2 来参与光合作用，同时缺锌时叶绿素含量下降，造成白叶或花叶。本次共采取 4 343 个土壤样本化验有效锌含量，并进行分类分析。

1. 土壤有效锌 潍坊市土壤有效锌含量不均衡，平均含量为 2.48mg/kg，属较丰富水平，标准差为 3.14，变幅 0.18～32.14mg/kg，变幅较大。其中土壤有效锌处于 1 级水平的占总样本的 18.12％；2 级水平的占 56.69％；3 级水平的占 19.89％；4 级水平的占 4.14％；5 级水平的占 1.15％，见表 4 - 51。

表 4 - 51 耕层土壤有效锌含量分级及样本数

级别	1	2	3	4	5
标准（mg/kg）	＞3.0	1.0～3.0	0.5～1.0	0.3～0.5	＜0.3
样本数（个）	787	2 462	864	180	50
占耕地总面积比例（％）	18.12	56.69	19.89	4.14	1.15

2. 不同土壤类型土壤有效锌 不同土壤类型土壤有效锌含量有差异，潮土含量最高，平均为 2.91mg/kg，变幅 0.20～32.14mg/kg，变幅较大；其次是褐土，平均为 2.46mg/kg，与全市平均水平相近，变幅 0.18～29.68mg/kg；盐土含量最低，平均为 1.60mg/kg，变幅 0.45～8.63mg/kg；棕壤、砂姜黑土平均含量分别为 1.73mg/kg、1.88mg/kg。不同土壤类型土壤有效锌含量由高到低依次为：潮土＞褐土＞砂姜黑土＞棕壤＞盐土，见表 4 - 52。

棕壤各亚类土壤有效锌含量差异较小。潮棕壤含量最高，平均为 1.90mg/kg；棕壤性土含量最低，平均为 1.60mg/kg；各亚类土壤含量变幅较小。各亚类土壤有效锌含量由高到低依次为：潮棕壤＞棕壤＞棕壤性土。

潮土各亚类土壤有效锌含量差异较大。脱潮土含量最高，平均为 4.84mg/kg，变幅为 0.35～24.32mg/kg；其次是湿潮土，平均含量为 3.91mg/kg；盐化潮土最低，含量为 1.76mg/kg。各亚类土壤有效锌含量由高到低排列顺序为：脱潮土＞湿潮土＞潮土＞盐化潮土。

褐土各亚类土壤有效锌含量差异较大。含量最高的是褐土，平均为 4.03mg/kg；褐土性土的含量最低，平均为 1.65mg/kg。各亚类含量由高到低依次为：褐土＞潮褐土＞

淋溶褐土＞褐土性土。

砂姜黑土中砂姜黑土亚类土壤有效锌含量高于石灰性砂姜黑土，其含量分别是1.89mg/kg、1.59mg/kg。

表4－52　不同土壤类型及亚类土壤有效锌含量

土类	平均值（mg/kg）	亚类	平均值（mg/kg）	变幅（mg/kg）	标准差
棕壤	1.73	棕壤	1.74	0.30～7.34	1.26
		潮棕壤	1.90	0.44～6.99	1.30
		棕壤性土	1.60	0.30～7.04	1.31
褐土	2.46	褐土	4.03	0.23～29.68	5.07
		淋溶褐土	1.81	0.18～14.59	1.53
		潮褐土	2.38	0.20～26.55	2.47
		褐土性土	1.65	0.51～4.77	0.87
砂姜黑土	1.88	砂姜黑土	1.89	0.2～22.52	2.71
		石灰性砂姜黑土	1.59	1.16～2.22	0.49
潮土	2.91	潮土	2.11	0.2～16.08	2.07
		湿潮土	3.91	0.28～32.14	5.41
		脱潮土	4.84	0.35～24.32	5.25
		盐化潮土	1.76	0.25～11.12	1.53
盐土	1.60	滨海潮盐土	1.60	0.45～8.63	1.39

3. 不同用地类型土壤有效锌　不同用地类型土壤有效锌含量差异显著，设施菜田含量最高，平均为7.47mg/kg，达到1级水平，变幅0.18～26.20mg/kg，变幅大，说明近年来设施菜田重视了锌肥施用，但有过量施用趋势，已发现锌过量现象。近几年，园地注重锌肥的施用，园地有效锌含量较高，平均为3.12mg/kg；花生主要种植在山地丘陵区，单位面积施肥量小，锌肥投入量较小，有效锌含量较低，平均含量为1.39mg/kg，变幅0.28～6.09mg/kg。有效锌最小值出现在粮田，最大值在菜田。不同用地类型土壤有效锌含量由高到低依次为：菜地＞园地＞棉田＞粮田＞花生田，见表4－53。

表4－53　不同用地类型土壤有效锌含量

用地类型	平均值（mg/kg）	变幅（mg/kg）	标准差
粮田	1.80	0.18～26.20	1.56
菜地	7.47	0.42～32.14	6.01
棉田	1.85	0.57～8.63	1.35
花生田	1.39	0.28～6.09	1.02
园地	3.12	0.39～12.15	2.90

4. 不同区域土壤有效锌　不同区域耕层土壤有效锌含量差异较大。潍北含量最高，平均含量为3.32mg/kg，变幅0.20～32.14mg/kg，含量高的原因是该区有部分土壤样本

来自施用锌肥较多的设施菜地；潍西平均含量为 2.60mg/kg，略高于全市平均水平，该区土壤样本中设施蔬菜、园地及露天蔬菜样本占比较高，因此，有效锌含量较高；潍东最低，平均含量为 1.58mg/kg，变幅 0.20~7.59mg/kg。不同区域土壤有效锌含量由高到低依次为：潍北>潍西>潍中>潍南>潍东，见表 4-54。

表 4-54 不同区域土壤有效锌含量

不同区域	平均值（mg/kg）	变幅（mg/kg）	标准差
潍东	1.58	0.20~7.59	1.09
潍西	2.60	0.23~26.20	2.92
潍南	1.77	0.39~6.08	1.20
潍北	3.32	0.20~32.14	4.36
潍中	1.79	0.18~9.72	0.85

5. 不同质地类型土壤有效锌 不同质地类型土壤有效锌含量有差异。壤质土含量最高，平均为 2.53mg/kg，变幅为 1.84~32.14mg/kg，变幅大；砾质土含量最低，平均为 1.40mg/kg，变幅 0.40~7.34mg/kg。不同质地类型土壤有效锌含量由高到低依次是：壤质>砂质>砾质，见表 4-55。

表 4-55 不同质地类型土壤有效锌含量

质地类型	平均值（mg/kg）	变幅（mg/kg）	标准差
壤质土	2.53	0.18~32.14	3.22
砂质土	1.84	0.30~7.04	1.48
砾质土	1.40	0.40~7.34	1.87

二、有效铜

铜是作物正常生长的必需营养元素，供应不足会引起特有的生理病害，合理施用铜肥可促进作物增产。铜还可增强作物抗病和抗逆性。本次共采取 4 339 个土壤样品化验土壤有效铜，依据化验结果进行评价分析。

1. 土壤有效铜 潍坊市土壤有效铜平均含量为 1.83mg/kg，含量较高，处于 3 级水平，标准差为 1.43，变幅 0.20~19.66mg/kg。其中 1 级水平样本占总样本的 7.70%，2 级水平占 6.06%，3 级水平占 16.3%，4 级水平占 52.41%，5 级水平占 17.40%。总体属较丰富水平，这主要是以铜为重要成分的杀菌剂在农业和畜牧业上应用，增加了铜的含量，见表 4-56。

表 4-56 耕层土壤有效铜含量分级及样本数

级别	1	2	3	4	5
标准（mg/kg）	>3.8	2.6~3.8	1.8~2.6	1.0~1.8	<1.0
样本数（个）	334	263	713	2 274	755
占总样本比例（%）	7.70	6.06	16.43	52.41	17.40

2. 不同土壤类型土壤有效铜 不同土壤类型土壤有效铜含量有较大差异。潮土含量最高，平均为2.06mg/kg，变幅0.30～19.66mg/kg；其次是棕壤，平均含量为1.86mg/kg，变幅0.34～7.04mg/kg；盐土含量最低，平均为1.46mg/kg，变幅0.38～5.11mg/kg。盐土主要种植粮食和棉花，很少使用铜肥和铜制剂，因而含量最低。有效铜最大值出现在潮土，最小值出现在砂姜黑土。不同土壤类型土壤有效铜含量由高到低依次为：潮土＞棕壤＞褐土＞砂姜黑土＞盐土，见表4-57。

棕壤各亚类土壤有效铜含量差异较小。棕壤含量最高，平均为1.91mg/kg；潮棕壤为1.89mg/kg；棕壤性土含量最低，为1.74mg/kg。

褐土各亚类土壤有效铜含量差异较大。褐土含量最高，平均为2.28mg/kg，变幅0.48～17.46mg/kg；褐土性土最低，平均含量为1.22mg/kg。各亚类土壤有效铜含量由高到低依次是：褐土＞淋溶褐土＞潮褐土＞褐土性土。

砂姜黑土中砂姜黑土、石灰性砂姜黑土两个亚类土壤有效铜含量分别为1.49mg/kg、1.33mg/kg。

潮土各亚类土壤有效铜含量差异显著。湿潮土含量最高，平均为2.65mg/kg，变幅0.40～9.17mg/kg，变幅较大，湿潮土中蔬菜和园地样品占比较高，个别区域铜肥用量较大；脱潮土含量最低，平均为1.59mg/kg，变幅0.37～6.54mg/kg。各亚类土壤有效铜含量由高到低依次是：湿潮土＞潮土＞盐化潮土＞脱潮土。

表4-57 不同土壤类型及亚类土壤有效铜含量

土类	平均值（mg/kg）	亚类	平均值（mg/kg）	变幅（mg/kg）	标准差
棕壤	1.86	棕壤	1.91	0.40～7.04	1.04
		潮棕壤	1.89	0.60～5.57	0.89
		棕壤性土	1.74	0.34～5.79	0.96
褐土	1.71	褐土	2.28	0.48～17.46	2.09
		淋溶褐土	1.65	0.26～9.54	1.08
		潮褐土	1.59	0.40～10.54	1.15
		褐土性土	1.22	0.50～3.1	0.45
砂姜黑土	1.49	砂姜黑土	1.49	0.20～7.14	0.82
		石灰性砂姜黑土	1.33	1.06～1.84	0.36
潮土	2.06	潮土	2.37	0.66～10.77	2.06
		湿潮土	2.65	0.40～9.17	2.00
		脱潮土	1.59	0.37～6.54	0.83
		盐化潮土	1.84	0.30～19.66	1.52
盐土	1.46	滨海潮盐土	1.46	0.38～5.11	0.68

3. 不同用地类型土壤有效铜 不同用地类型土壤有效铜含量差异显著。菜地显著高于其他用地类型，平均为3.93mg/kg，达1级水平，变幅0.40～19.66mg/kg，最高值出现在设施菜田，主要是因为近年来菜农重视铜肥的施用，少数设施菜田还存在盲目施用微

量元素肥料现象，因此，有效铜的增幅较快。其次为园地，平均含量为 2.85mg/kg，变幅 0.53～9.28mg/kg；其他利用类型差异不大。不同用地类型土壤有效铜含量由高到低依次为：菜地＞园地＞花生田＞棉田＞粮田，见表4-58。

表4-58 不同用地类型土壤有效铜含量

用地类型	平均值（mg/kg）	变幅（mg/kg）	标准差
粮田	1.52	0.20～9.91	0.79
菜地	3.93	0.40～19.66	2.62
棉田	1.65	0.84～6.54	0.93
花生	1.66	0.41～5.59	1.03
园地	2.85	0.53～9.28	1.99

4. 不同区域土壤有效铜 不同区域土壤有效铜含量差异较大。潍北明显高于其他区域，平均含量为 2.19mg/kg，变幅 0.36～19.66mg/kg，该区域设施蔬菜样品的占比较高，铜肥用量较大，拉高了平均水平。潍东、潍西、潍南土壤有效铜含量相近；潍中最小，为 1.29mg/kg。不同区域土壤有效铜含量由高到低依次为：潍北＞潍南＞潍西＞潍东＞潍中，见表4-59。

表4-59 不同区域土壤有效铜含量

不同区域	平均值（mg/kg）	变幅（mg/kg）	标准差
潍东	1.73	0.20～5.76	0.87
潍西	1.83	0.26～7.99	1.20
潍南	1.91	0.58～4.86	0.97
潍北	2.19	0.36～19.66	1.93
潍中	1.29	0.35～4.42	0.52

5. 不同质地类型土壤有效铜 不同质地类型土壤有效铜含量差异较大。壤质土含量最高，平均为 1.84mg/kg，变幅为 0.20～19.66mg/kg，变幅较大，壤质土样品占比极高；砾质土含量最低，平均为 1.33mg/kg，变幅 0.73～1.82mg/kg。不同质地类型土壤有效铜含量由高到低依次为：壤质＞砂质＞砾质，见表4-60。

表4-60 不同质地类型有效铜含量

质地类型	平均值（mg/kg）	变幅（mg/kg）	标准差
壤质土	1.84	0.20～19.66	1.45
砂质土	1.75	0.34～7.04	1.14
砾质土	1.33	0.73～1.82	0.31

三、有效铁

铁元素是绿色植物叶绿素的重要成分，植物缺铁，叶绿素就难以合成，植物就会发生黄化。本次共采取土壤样品4 318个，化验土壤有效铁，依据化验结果进行分析评价。

1. 土壤有效铁 全市土壤有效铁平均含量为 24.30mg/kg，处于 1 级水平，标准差为 19.71，变幅为 2.25~129.65mg/kg，变幅很大，土壤有效铁含量丰富。其中 1 级水平样本占总样本的 44.30%，2 级水平占 29.30%，3 级水平占 24.18%，4 级水平占 2.11%，5 级水平占 0.12%，见表 4-61。

表 4-61 耕层土壤有效铁含量分级及样本数

级别	1	2	3	4	5
标准（mg/kg）	>20	10~20	4.5~10	2.5~4.5	<2.5
样本总数（个）	1 913	1 265	1 044	91	5
占样本的比例（%）	44.30	29.30	24.18	2.11	0.12

2. 不同土壤类型土壤有效铁 不同土壤类型土壤有效铁含量差异较大。棕壤含量最高，平均为 45.72mg/kg，变幅 5.10~126.35；盐土含量最低，平均为 12.76mg/kg；潮土、褐土差异较小，平均含量分别为 23.28mg/kg、21.58mg/kg。最大值出现在砂姜黑土，最小值出现在潮土。不同土壤类型土壤有效铁含量由高到低依次为：棕壤＞潮土＞褐土＞砂姜黑土＞盐土，见表 4-62。

棕壤各亚类土壤有效铁含量差异较大。潮棕壤含量最高，平均为 49.35mg/kg；棕壤性土含量最低，平均为 42.14mg/kg；棕壤含量介于两者之间，平均为 46.53mg/kg。

潮土各亚类土壤有效铁含量差异较大。潮土亚类含量最高，平均为 26.56mg/kg，变幅 2.30~108.72mg/kg，变幅较大，含量不均衡；湿潮土含量最低，平均为 18.19mg/kg，变幅 2.25~66.00mg/kg。各亚类土壤有效铁含量由高到低依次为：潮土＞脱潮土＞盐化潮土＞湿潮土。

褐土各亚类间土壤有效铁含量差异大。褐土性土含量最高，平均为 30.56mg/kg；潮褐土含量最低，平均为 17.52mg/kg。各亚类土壤有效铁含量由高到低依次为：褐土性土＞淋溶褐土＞褐土＞潮褐土。

表 4-62 不同土壤类型及亚类土壤有效铁含量

土类	平均值（mg/kg）	亚类	平均值（mg/kg）	变幅（mg/kg）	标准差
棕壤	45.72	棕壤	46.53	5.10~126.35	24.86
		潮棕壤	49.55	8.32~109.00	28.22
		棕壤性土	42.14	5.68~108.72	22.08
潮土	23.28	潮土	26.56	2.30~108.51	19.74
		湿潮土	18.19	2.25~66.00	13.24
		脱潮土	20.75	2.86~92.38	16.03
		盐化潮土	20.57	3.90~91.22	18.30
褐土	21.58	褐土	21.86	2.74~84.75	14.32
		淋溶褐土	26.19	2.30~104.40	18.61
		潮褐土	17.52	2.42~103.46	14.77
		褐土性土	30.56	4.88~97.80	18.13

（续）

土类	平均值（mg/kg）	亚类	平均值（mg/kg）	变幅（mg/kg）	标准差
砂姜黑土	16.60	砂姜黑土	16.61	2.90～129.65	15.52
		石灰性砂姜黑土	15.89	6.96～25.04	8.67
盐土	12.76	滨海潮盐土	12.76	4.60～33.73	5.49

3. 不同用地类型土壤有效铁 不同用地类型土壤有效铁含量差异较大。花生田含量最高，平均为 43.01mg/kg，变幅 8.60～87.94mg/kg，含量达 1 级水平；其次是园地，土壤有效铁平均含量为 36.45mg/kg；棉田含量最低，平均含量为 14.37mg/kg。花生田含量明显高于其他用地类型，是由于花生田主要分布在有效铁含量较高的棕壤区。棉田主要分布在潍坊北部的盐土和盐化潮土区，这两个亚类的土壤有效铁含量较低，棉花管理也相对粗放，基本不使用铁肥，因而平均含量低，见表 4-63。

表 4-63 不同用地类型土壤有效铁含量

用地类型	平均值（mg/kg）	变幅（mg/kg）	标准差
粮田	22.76	2.25～129.65	19.25
菜地	31.79	3.04～108.51	19.19
棉田	14.37	6.13～40.40	6.77
花生	43.01	8.60～87.94	18.96
园地	36.45	6.74～126.35	26.04

4. 不同区域土壤有效铁 不同区域土壤有效铁含量差异较大。潍南含量最高，为 32.40mg/kg，因潍南棕壤占比最高，而棕壤中有效铁的含量又是各土类中最高的；潍东和潍西含量相近，平均含量分别为 31.01mg/kg、29.42mg/kg，高于全市平均水平；潍北和潍中含量较低，平均含量分别为 20.72mg/kg、20.44mg/kg，均低于全市平均水平。不同区域土壤有效铁含量由高到低依次为：潍南＞潍东＞潍西＞潍北＞潍中，见表4-64。

表 4-64 不同区域土壤有效铁含量

不同区域	平均值（mg/kg）	变幅（mg/kg）	标准差
潍东	31.01	2.3～129.65	25.34
潍西	29.42	2.25～104.4	22.09
潍南	32.40	5.4～97.8	17.01
潍北	20.72	2.3～108.51	16.40
潍中	20.44	2.79～91.51	15.00

5. 不同质地类型土壤有效铁 不同质地类型土壤有效铁含量差异大。砂质土含量最高，平均为 41.27mg/kg，变幅 6.40～108.72mg/kg，变幅较大；砾质土含量最低，平均含量为 22.03mg/kg，变幅 3.70～55.20mg/kg，变幅相对较小。不同质地类型土壤有效

铁含量由高到低依次为：砂质＞壤质＞砾质，见表 4 - 65。

表 4 - 65　不同质地类型土壤有效铁含量

质地类型	平均值（mg/kg）	变幅（mg/kg）	标准差
壤质土	23.40	2.25～129.65	19.32
砂质土	41.27	6.40～108.72	21.60
砾质土	22.03	3.70～55.20	12.02

四、有效锰

锰参与植物的光合作用，是植物体内氮素和碳水化合物运转的重要元素，能增强植物的抗寒、抗旱能力。本次共采取耕层土壤样品 4 332 个，化验土壤有效锰，依据化验结果进行分析评价。

1. 土壤有效锰　全市土壤有效锰平均含量为 19.87mg/kg，处于 2 级水平，含量较丰富，标准差为 15.38，变幅为 2.06～139.78mg/kg，变幅较大。其中处于 1 级水平的样本占总样本的 15.86%，2 级水平的占 19.09%，3 级水平的占 41.41%，4 级水平的占 20.15%，5 级水平的占 3.49%。60.5% 样本的土壤有效锰含量处于 2、3 级水平，见表 4 - 66。

表 4 - 66　耕层土壤有效锰含量分级及样本数

级别	1	2	3	4	5
标准（mg/kg）	＞30	15～30	5～15	1～5	＜1
样本数（个）	687	827	1 794	873	151
占总样本数比例（%）	15.86	19.09	41.41	20.15	3.49

2. 不同土壤类型土壤有效锰　不同土壤类型有效锰含量差异较大。棕壤含量最高，平均为 36.92mg/kg，变幅 4.00～118.00mg/kg；盐土含量最低，平均含量为 10.40mg/kg，变幅 2.29～18.64mg/kg；潮土、褐土和砂姜黑土含量相近，平均含量分别为 17.43mg/kg、18.38mg/kg、17.61mg/kg。土壤有效锰与有效铁含量趋势相似，其含量由高到低依次是：棕壤＞褐土＞砂姜黑土＞潮土＞盐土，见表 4 - 67。

棕壤各亚类土壤有效锰含量有差异，棕壤、潮棕壤、棕壤性土土壤有效锰含量分别为 40.47mg/kg、35.98mg/kg、31.74mg/kg。各亚类土壤有效锰含量由高到低依次为：棕壤＞潮棕壤＞棕壤性土。

潮土各亚类土壤有效锰含量有较大差异，潮土亚类含量最高，平均为 18.54mg/kg，变幅 2.06～139.78mg/kg，变幅大，说明各地土壤有效锰含量差异较大；湿潮土含量最低，平均为 15.16mg/kg，变幅 3.41～53.82mg/kg。各亚类土壤有效锰含量由高到低依次为：潮土＞脱潮土＞盐化潮土＞湿潮土。

褐土各亚类土壤有效锰含量差异较大，褐土性土含量最高，平均为 22.44mg/kg，变幅 6.40～103.12mg/kg，变幅较大，土壤有效锰含量不均衡；潮褐土含量最低，平均为 16.16mg/kg，变幅 2.11～122.73mg/kg，变幅大，说明土壤有效锰含量极不均衡；淋溶褐土和褐土平均含量分别为 22.20mg/kg、16.55mg/kg。各亚类土壤有效锰含量由高到低依次为：褐土性土＞淋溶褐土＞褐土＞潮褐土。

表 4 - 67　不同土壤类型及亚类有效锰含量

土类	平均值（mg/kg）	亚类	平均值（mg/kg）	变幅（mg/kg）	标准差
棕壤	36.92	棕壤	40.47	4.10～117.28	25.92
		潮棕壤	35.98	4.00～112.48	24.83
		棕壤性土	31.74	4.34～118.00	21.61
潮土	17.43	潮土	18.54	2.06～139.78	13.16
		湿潮土	15.16	3.41～53.82	8.83
		脱潮土	17.63	2.43～50.19	10.83
		盐化潮土	15.39	2.28～63.35	10.29
褐土	18.38	褐土	16.55	2.30～88.17	11.10
		淋溶褐土	22.20	2.70～107.44	14.27
		潮褐土	16.16	2.11～122.73	11.08
		褐土性土	22.44	6.40～103.12	14.05
砂姜黑土	17.61	砂姜黑土	17.63	2.60～122.60	13.12
		石灰性砂姜黑土	15.86	11.28～18.60	3.36
盐土	10.40	滨海潮盐土	10.40	2.29～18.64	4.40

3. 不同用地类型土壤有效锰　不同用地类型土壤有效锰含量差异较大。花生田最高，为 32.99mg/kg，是由于花生田主要分布在土壤有效锰含量较高的棕壤；棉田含量明显低于其他用地类型，平均含量为 10.75mg/kg，变幅 3.17～18.64mg/kg，标准差为 4.17，棉田主要分布在盐土和盐化潮土，该区域含锰较低，同时棉花几乎不施用锰肥。园地、菜地和粮田的平均含量分别为 27.08mg/kg、23.92mg/kg、19.00mg/kg。不同用地类型土壤有效锰含量由高到低依次为：花生田＞园地＞菜地＞粮田＞棉田，详见表 4 - 68。

表 4 - 68　不同用地类型土壤有效锰含量

用地类型	平均值（mg/kg）	变幅（mg/kg）	标准差
粮田	19.00	2.06～122.73	14.97
菜地	23.92	2.30～139.78	14.86
棉田	10.75	3.17～18.64	4.17
花生田	32.99	4.00～118.00	20.17
园地	27.08	3.80～101.30	23.66

4. 不同区域土壤有效锰　不同区域土壤有效锰含量存在差异。潍东含量最高，平均为 29.66mg/kg，变幅 2.60～122.60mg/kg；潍南和潍西平均含量分别为 23.56mg/kg、20.78mg/kg；潍中和潍北含量较低，平均含量分别为 17.31mg/kg、15.99mg/kg。土壤有效锰的含量受成土母质影响较大，与土壤类型密切相关，因此，行政区域间差异较大。不同区域土壤有效锰含量由高到低依次是：潍东＞潍南＞潍西＞潍中＞潍北，见表4 -69。

表4-69 不同区域土壤有效锰含量

不同区域	平均值（mg/kg）	变幅（mg/kg）	标准差
潍东	29.66	2.60～122.60	22.71
潍西	20.78	2.97～122.73	16.55
潍南	23.56	4.00～78.80	17.50
潍北	15.99	2.06～139.78	10.50
潍中	17.31	2.11～49.40	8.59

5. 不同质地类型土壤有效锰 不同质地类型土壤有效锰含量有较大差异。砂质土含量最高，砂质土和砾质土土壤有效锰含量都高于全市平均水平，含量分别为29.28mg/kg、26.47mg/kg；壤质土含量最低，平均为19.54mg/kg。不同质地类型土壤有效锰含量由高到低依次为：砂质＞砾质＞壤质。见表4-70。

表4-70 不同质地类型土壤有效锰含量

质地类型	平均值（mg/kg）	变幅（mg/kg）	标准差
壤质土	19.54	2.06～139.78	15.14
砂质土	29.28	4.5～118	20.08
砾质土	26.47	12.5～46.3	10.51

五、有效硼

硼是植物性器官分化形成的必需物质，缺乏硼植物开花结果繁衍后代就会受到影响，农作物就会"花而不实"，落花落蕾，空秆秕籽，产量受到损失。硼也是根瘤菌形成所需的元素，缺硼的豆科作物根瘤菌少，固氮也受影响。本次共采取耕层土壤样品4 087个，化验土壤有效锰，现依据化验结果进行分析评价。

1. 土壤有效硼 全市土壤有效硼平均含量为0.67mg/kg，属中等偏下水平，变幅0.06～3.49mg/kg，标准差0.36，其中处于1级水平的样本占总样本的0.20%，2级水平的占14.34%，3级水平的占49.96%，4级水平的占32.08%，5级水平的占3.43%，见表4-71。

表4-71 耕层土壤有效硼含量分级及样本数

级别	1	2	3	4	5
标准（mg/kg）	＞2.0	1.0～2.0	0.5～1.0	0.2～0.5	＜0.2
样本数（个）	8	586	2 042	1 311	140
占总样本数比例（%）	0.20	14.34	49.96	32.08	3.43

2. 不同土壤类型土壤有效硼 不同土壤类型土壤有效硼含量差异较大。潮土含量最高，平均为0.74mg/kg，变幅0.07～2.63mg/kg，变幅较大；棕壤含量最低，平均为0.50mg/kg，变幅0.06～1.98mg/kg；褐土、盐土、砂姜黑土的含量依次降低，平均含量分别为0.67mg/kg、0.63mg/kg、0.58mg/kg。不同土壤类型土壤有效硼含量由高到低

依次为：潮土＞褐土＞盐土＞砂姜黑土＞棕壤，见表4-72。

棕壤各亚类土壤有效硼含量略有差异。棕壤亚类含量最高，平均为0.53mg/kg，其次是潮棕壤，平均为0.50mg/kg，棕壤性土含量最低，平均为0.44mg/kg。

潮土各亚类土壤有效硼含量差异较大。脱潮土含量最高，平均为0.92mg/kg，变幅为0.08～2.63mg/kg，变幅较大。潮土含量最低，平均为0.67mg/kg。含量差异较大的原因是大田作物不重视硼肥的施用，而高效经济作物上又存在过量施硼现象。各亚类土壤有效硼含量由高到低依次为：脱潮土＞湿潮土＞盐化潮土＞潮土。

褐土各亚类土壤有效硼含量差异较大。褐土含量最高，平均为0.77mg/kg；其次为潮褐土，平均为0.70mg/kg。淋溶褐土和褐土性土含量相同，均为0.56mg/kg。各亚类土壤有效硼含量由高到低依次为：褐土＞潮褐土＞淋溶褐土、褐土性土。

砂姜黑土的两个亚类土壤有效硼含量差异较大。石灰性砂姜黑土显著高于砂姜黑土亚类，含量分别为0.83mg/kg、0.58mg/kg。

表4-72 不同土壤类型及亚类有效硼含量

土类	平均值（mg/kg）	亚类	平均值（mg/kg）	变幅（mg/kg）	标准差
棕壤	0.50	棕壤	0.53	0.06～1.98	0.32
		潮棕壤	0.50	0.10～1.77	0.29
		棕壤性土	0.44	0.06～1.88	0.28
潮土	0.74	潮土	0.67	0.07～2.31	0.32
		湿潮土	0.72	0.08～2.46	0.41
		脱潮土	0.92	0.08～2.63	0.49
		盐化潮土	0.71	0.10～1.92	0.30
褐土	0.67	褐土	0.77	0.06～3.49	0.46
		淋溶褐土	0.56	0.06～1.49	0.23
		潮褐土	0.70	0.09～2.65	0.32
		褐土性土	0.56	0.08～1.27	0.34
砂姜黑土	0.58	砂姜黑土	0.58	0.14～1.89	0.25
		石灰性砂姜黑土	0.83	0.64～0.96	0.14
盐土	0.63	滨海潮盐土	0.63	0.24～1.2	0.23

3. 不同用地类型土壤有效硼 不同用地类型土壤有效硼平均含量差异较大。菜地含量最高，平均为0.96mg/kg，变幅0.06～3.49mg/kg；其次是园地，平均为0.80mg/kg，变幅0.11～1.98mg/kg；花生田含量最低，平均为0.43mg/kg，变幅0.14～1.23mg/kg。菜地、园地土壤有效硼含量较高，是因为在蔬菜、果树等作物上农民注重微量元素肥料的使用，有施用硼肥的良好习惯；花生主要种植在棕壤上，花生田管理相对粗放，农民不重视硼肥的施用。不同用地类型土壤有效硼含量由高到低依次是：菜地＞园地＞棉田＞粮田＞花生田，见表4-73。

表 4-73 不同用地类型土壤有效硼含量

用地类型	平均值（mg/kg）	变幅（mg/kg）	标准差
粮田	0.63	0.06~1.98	0.28
菜地	0.96	0.06~3.49	0.57
棉田	0.70	0.24~1.80	0.31
花生田	0.43	0.14~1.23	0.23
园地	0.80	0.11~1.98	0.44

4. 不同区域土壤有效硼 不同区域耕层土壤有效硼含量略有差异。潍中含量最高，平均为 0.75mg/kg，变幅 0.14~1.27mg/kg，最大值在潍中；潍北含量次之，平均为 0.74mg/kg；潍东平均含量为 0.61mg/kg，潍西平均含量为 0.51mg/kg，潍南是最低区域，平均含量为 0.50mg/kg。不同区域土壤有效硼含量由高到低依次是：潍中＞潍北＞潍东＞潍西＞潍南，见表 4-74。

表 4-74 不同区域土壤有效硼含量

不同区域	平均值（mg/kg）	变幅（mg/kg）	标准差
潍东	0.61	0.12~1.98	0.26
潍西	0.51	0.06~1.86	0.29
潍南	0.50	0.07~1.95	0.33
潍北	0.74	0.07~3.49	0.41
潍中	0.75	0.14~1.27	0.26

5. 不同质地类型土壤有效硼 不同质地类型土壤有效硼含量差异较大。壤质土含量最高，平均为 0.68mg/kg，高于全市平均水平；砂质土含量最低，平均为 0.39mg/kg，变幅 0.06~1.48mg/kg；砾质土平均为 0.45mg/kg。不同质地类型土壤有效硼含量由高到低依次为：壤质＞砾质＞砂质，见表 4-75。

表 4-75 不同质地类型土壤有效硼含量

质地类型	平均值（mg/kg）	变幅（mg/kg）	标准差
壤质土	0.68	0.06~3.49	0.36
砂质土	0.39	0.06~1.48	0.24
砾质土	0.45	0.29~0.59	0.11

六、有效钼

钼不仅是合成固氮酶的重要元素，还能增强叶绿素的光合作用，促进植物体内氮、磷的转化，增加分蘖，提高成穗率。钼还具有减少土壤中硝酸盐类和亚硝胺等致癌物质、保护人类健康的作用。本次共采取土壤样品 3 758 个，化验土壤有效钼，依据化验结果进行分析评价。

1. 土壤有效钼 全市土壤有效钼平均含量为 0.22mg/kg，处于 2 级水平，变幅

0.013～1.52mg/kg，标准差为 0.14。其中，1 级水平的样本占总样本的 21.69％，2 级水平的占 27.59％，3 级水平的占 19.72％，4 级水平的占 15.65％，5 级水平的占 15.35％。全市约 30％的土壤缺钼，见表 4-76。

表 4-76　耕层土壤有效钼含量分级及样本数

级别	1	2	3	4	5
标准（mg/kg）	＞0.3	0.2～0.3	0.15～0.2	0.1～0.15	＜0.1
样本数（个）	815	1 037	741	588	577
占总样本数比例（％）	21.69	27.59	19.72	15.65	15.35

2. 不同土壤类型土壤有效钼　不同土壤类型土壤有效钼含量差异较小。砂姜黑土的含量最高，平均为 0.26mg/kg，最大值出现在砂姜黑土；棕壤和潮土的含量最低，平均为 0.21mg/kg，棕壤的变幅 0.03～0.46mg/kg，潮土的变幅 0.02～0.95mg/kg。不同土壤类型土壤有效钼含量由高到低依次为：砂姜黑土＞褐土＞盐土＞棕壤、潮土，见表 4-77。

棕壤各亚类土壤有效钼含量差异较小。棕壤平均含量为 0.23mg/kg；潮棕壤平均含量为 0.21mg/kg；棕壤性土含量最低，平均含量为 0.18mg/kg。

潮土各亚类土壤有效钼含量差异大。湿潮土含量最高，平均为 0.27mg/kg，变幅 0.02～0.95mg/kg；脱潮土平均为 0.25mg/kg；潮土和盐化潮土含量相同，也是最低含量，平均含量均为 0.18mg/kg。各亚类土壤有效钼含量由高到低依次为：湿潮土＞脱潮土＞盐化潮土、潮土。

褐土各亚类土壤有效钼含量有差异。潮褐土含量最高，平均为 0.25mg/kg；其次是淋溶褐土，平均为 0.21mg/kg；褐土平均含量为 0.19mg/kg；褐土性土含量最低，平均为 0.18mg/kg。各亚类土壤有效钼含量由高到低依次为：潮褐土＞淋溶褐土＞褐土＞褐土性土。

砂姜黑土两亚类有效钼含量差异较大。石灰性砂姜黑土显著高于砂姜黑土亚类，土壤有效钼含量分别为 0.36mg/kg、0.26mg/kg。

表 4-77　不同土壤类型及亚类有效钼含量

土类	平均值（mg/kg）	亚类	平均值（mg/kg）	变幅（mg/kg）	标准差
棕壤	0.21	棕壤	0.23	0.06～0.46	0.09
		潮棕壤	0.21	0.05～0.44	0.09
		棕壤性土	0.18	0.03～0.4	0.09
潮土	0.21	潮土	0.18	0.016 2～0.95	0.11
		湿潮土	0.27	0.02～0.95	0.21
		脱潮土	0.25	0.034～0.85	0.16
		盐化潮土	0.18	0.02～0.85	0.13
褐土	0.23	褐土	0.19	0.016 2～0.65	0.11
		淋溶褐土	0.21	0.012 5～1.23	0.11
		潮褐土	0.25	0.013～0.85	0.11
		褐土性土	0.18	0.0162～0.43	0.11

（续）

土类	平均值（mg/kg）	亚类	平均值（mg/kg）	变幅（mg/kg）	标准差
砂姜黑土	0.26	砂姜黑土	0.26	0.02～1.52	0.20
		石灰性砂姜黑土	0.36	0.33～0.4	0.03
盐土	0.22	滨海潮盐土	0.22	0.03～0.95	0.18

3. 不同用地类型土壤有效钼　不同用地类型土壤有效钼含量有差异。菜地含量显著高于其他用地类型，平均为 0.25mg/kg，平均含量为丰富；棉田平均为 0.24mg/kg；粮田和园地含量相同，均为 0.22mg/kg；花生含量最小，平均为 0.19mg/kg。不同用地类型土壤有效钼含量由高到低依次为：菜地＞棉田＞粮田、园地＞花生田，见表 4-78。

表 4-78　不同用地类型土壤有效钼含量

用地类型	平均值（mg/kg）	变幅（mg/kg）	标准差
粮田	0.22	0.012 5～1.52	0.13
菜地	0.25	0.02～0.95	0.15
棉田	0.24	0.11～0.95	0.18
花生田	0.19	0.05～0.41	0.09
园地	0.22	0.02～0.52	0.09

4. 不同区域土壤有效钼　不同区域土壤有效钼含量差异较大。潍东平均含量为 0.28mg/kg，明显高于其他区域，变幅为 0.02～1.52mg/kg；其次是潍中，平均含量为 0.26mg/kg；潍北和潍南差异较小，平均含量分别为 0.21mg/kg、0.18mg/kg；潍西平均含量为 0.14mg/kg，为最低含量区；不同区域土壤有效钼含量由高到低依次为：潍东＞潍中＞潍北＞潍南＞潍西，见表 4-79。

表 4-79　不同区域土壤有效钼含量

不同区域	平均值（mg/kg）	变幅（mg/kg）	标准差
潍东	0.28	0.02～1.52	0.13
潍西	0.14	0.02～0.39	0.05
潍南	0.18	0.03～0.31	0.06
潍北	0.21	0.013～0.95	0.16
潍中	0.26	0.012 5～0.46	0.11

5. 不同质地类型土壤有效钼　不同质地类型土壤有效钼含量差异较大。壤质土含量最高，平均为 0.23mg/kg；砂质土和砾质土含量差异很小，平均含量分别为 0.15mg/kg、0.14mg/kg。不同质地类型土壤有效钼含量由高到低依次为：壤质＞砂质＞砾质，见表4-80。

表 4-80　不同质地类型土壤有效钼含量

质地类型	平均值（mg/kg）	变幅（mg/kg）	标准差
壤质土	0.23	0.012 5～1.52	0.14

（续）

质地类型	平均值（mg/kg）	变幅（mg/kg）	标准差
砂质土	0.15	0.016 2～0.4	0.08
砾质土	0.14	0.09～0.23	0.08

第五节　土壤养分变化趋势

　　1982 年第二次土壤普查时，全市土壤养分概况是：有机质不足、氮素缺乏、绝大部分地块缺磷，局部地区缺钾。目前全市耕层土壤养分概况是：有机质含量中等，氮素含量中等偏上，磷素含量中等，钾素含量相对丰富。不同年份耕层土壤养分平均含量见表 4-81。

表 4-81　不同年份耕层土壤养分平均含量

年 份	有机质 （g/kg）	全氮 （g/kg）	碱解氮 （mg/kg）	有效磷 （mg/kg）	速效钾 （mg/kg）
1982	9.5	0.64	57	4.88	102
2012	13.4	0.99	93	36.6	153
2020	15.5	1.04	92.9	53.9	198.2

（一）有机质

　　1982 年第二次土壤普查时，全市耕层土壤有机质平均含量为 9.5g/kg，含量大于 10.0g/kg 的耕地面积仅占 39.27%，低于 10.0g/kg 的占 60.73%。2012 年调查时，耕层土壤有机质平均含量为 13.4g/kg，比 1982 年提高了 41.1%（图 4-1），含量大于 10g/kg 的耕地面积占总耕地面积的 82.91%，含量在 6.0～10.0g/kg 范围内的耕地面积占耕地总面积的 16.05%。通过多年的技术推广，秸秆还田技术已被农民接受。秸秆还田技术的普遍应用，较大程度地提高了耕层土壤有机质含量。同时，随着农民对使用有机肥重要性认识的提高，有机肥使用量逐年增加，从而提高了土壤有机质含量。目前，全市土壤有机质

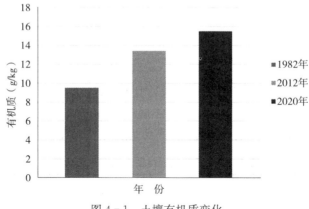

图 4-1　土壤有机质变化

平均含量比2012年提高了15.7%，虽然已达到中等偏上水平，但是还存在使用不均衡的问题。潍北粮棉区、潍南粮油果种植区的有机质含量相对缺乏，这两个区域的粮田要大力推广秸秆还田技术，增施优质鸡粪、土杂肥、商品有机肥，园地要推广覆草等技术，以提高土壤有机质含量。

（二）　氮素

1982年第二次土壤普查时，全市全氮平均含量仅为0.64g/kg，碱解氮平均含量仅为57mg/kg；而本次调查，全氮平均含量已提高到0.99g/kg，比1982年提高了54.7%，含量在0.75g/kg以上的样本占总样本的77.42%；碱解氮平均含量为93mg/kg，比1982年提高了63.2%，含量大于75mg/kg的样本占总样本的68.21%（图4-2、图4-3）。尿素、碳酸氢铵、磷酸二铵和三元复合肥等化学肥料的大量施用是土壤氮素提高的主要原因。近几年，按照有机无机相结合和稳氮、增钾、补微的施肥原则，农民已高度重视有机肥的使用，并普遍应用测土配方施肥技术，全市土壤理化性状进一步改善，土壤的保水保肥能力进一步增强，提高了土壤中氮的存量。

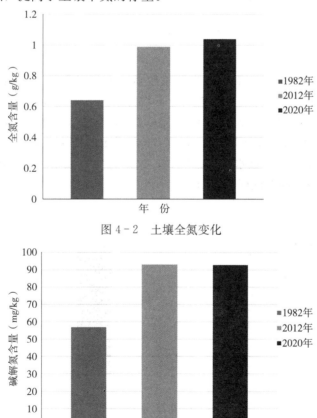

图4-2　土壤全氮变化

图4-3　土壤碱解氮变化

（三）　有效磷

1982年第二次土壤普查时，全市耕层土壤有效磷平均含量仅为4.88mg/kg，其中大于5mg/kg的仅占37.42%，大部分土壤处于磷缺乏状态。本次调查，土壤有效磷平均含量为 53.9mg/kg，比 1982 年提高了 49.02mg/kg，是 1982 年的 11 倍（图 4-4），含量大于 80mg/kg 的样本占总样本的 16.44%。第二次土壤普查后，潍坊市根据土壤严重缺磷状况，提出了增施磷肥的土壤改良培肥措施，随着磷酸二铵及三元复合肥的大量施用，全市土壤有效磷含量得到大幅度提高，土壤养分结构得到极大改善，取得了极显著的增产增收效果。

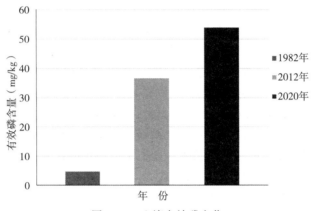

图 4-4　土壤有效磷变化

（四）速效钾

1982 第二次土壤普查时，由于作物产量较低，而且沿海地区土壤速效钾含量较高，所以全市耕层土壤速效钾总体属中等水平，平均含量为 102mg/kg。本次调查，速效钾平均含量为 198.2mg/kg，是 1982 年的 1.94 倍、2012 年的 1.50 倍（图 4-5）。含量大于 150mg/kg 的样本占总样本的 61.0%，低于 75mg/kg 的样本仅占总样本的 2.74%。与 1982 年相比，土壤速效钾含量水平大幅提高，这是近年来大量施用高浓度复合肥、复混肥，特别是高效经济作物增施钾肥的结果。

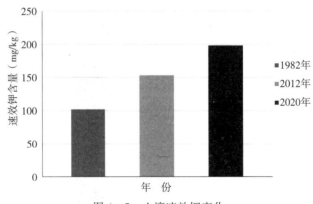

图 4-5　土壤速效钾变化

随着耕作模式的改变，施肥观念也发生了巨大变化，农民的科学施肥素质已有较大提高，测土配方施肥、秸秆还田和增施有机肥已成为农民的自觉行为，耕地利用和管理日趋合理。因此，土壤有机质、全氮、碱解氮、有效磷和速效钾等养分含量都有了大幅度的提高，其中有机质含量由不足增加到中等水平，磷素、氮素由严重缺乏提高到较为丰富，钾素处于丰富水平，土壤养分总体平衡合理，土壤肥力水平大幅度提升。

第五章 耕地质量等级评价

耕地是土地的精华，是农业生产不可替代的重要生产资料，是保持社会和国民经济持续发展的重要资源。保护耕地是基本国策，因此，及时掌握耕地资源的数量、质量及其变化，对于合理规划和利用耕地，切实保护耕地有着十分重要的意义。通过耕地利用野外调查和代表土样化验分析，获取了大量的耕地质量相关信息，依据这些信息进行了全市耕地质量评价，基本摸清了全市耕地质量现状及问题，为耕地资源的高效和可持续利用提供了重要的科学依据。

第一节 耕地质量等级评价方法步骤

一、耕地质量等级评价技术流程

潍坊市耕地质量等级评价技术流程分为3个方面，按先后次序分别为：

1. 资料准备及数据库建立 根据耕地质量等级评价的目的、任务、方法，收集与评价有关的自然及社会经济资料，进行资料的分析处理。选择适宜的计算机硬件和县域耕地资源管理信息系统软件，建立耕地质量评价基础资料数据库。

2. 耕地质量评价 划分评价单元，提取耕地质量评价需要的关键因素并确定权重，选用全国统一要求的县域耕地质量等级评价方法，制定评价技术标准，确定潍坊市耕地质量等级。

3. 评价结果分析 依据潍坊市耕地质量等级评价结果，量算各等级耕地面积，编制耕地质量评价等级分布图。分析耕地质量问题，提出耕地资源可持续利用的措施及建议。

潍坊市耕地质量等级评价工作流程如图5-1所示。

二、耕地质量等级评价单元划分

评价单元是由对耕地质量具有关键影响的各耕地要素组成的空间实体，是耕地质量评价的最基本单位、对象和基础图斑。同一评价单元内耕地的自然基本条件、耕地的个体属性和经济属性基本一致，不同耕地评价单元之间，既有差异性，又有可比性。耕地质量等级评价就是通过对每个耕地评价单元的评价，确定其耕地质量级别，把评价结果落实到实地和编绘到耕地资源图上。因此，耕地评价单元划分的合理与否，直接关系到耕地质量评价的结果以及工作量的大小。

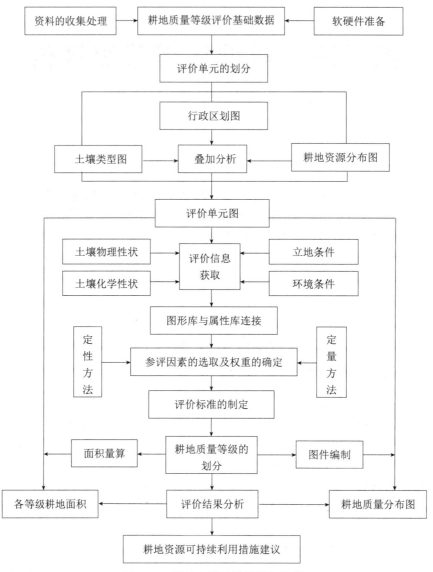

图 5-1 潍坊市耕地质量评价流程

目前，对耕地质量评价单元的划分尚无统一的方法，有以土壤类型、耕地类型、行政区划为评价单位的多种方法。潍坊市耕地质量等级评价单元划分，是采用土壤图、耕地资源分布图、行政区划图的叠置划分方法，相同的土壤单元、耕地类型及行政区的地块组成一个评价单元，即"耕地类型—土壤类型—行政区划"的叠置组合。其中，土壤类型划分到土种，耕地类型划分到二级利用类型，行政区划分到村，制图区界以潍坊市第三次土地调查标准时间土地利用现状图为准。为了保证耕地资源的现势性，对野外实地调查耕地资源类型进行了修正。同一评价单元内的土壤类型相同，利用方式相同，所属行政区相同，交通、水利、经营管理方式等基本一致，用这种方法划分的评价单元既可以反映单元之间的空间差异性，耕地类型具有土壤基本性质的均一性，又可以使土壤类型有了确定的地域边界线，使评价结果更具综合性、客观性，可以较容易地将评价结果落实到实地。

通过土壤、耕地、行政区划综合信息的叠置处理，潍坊市耕地质量划分为333 814个评价单元。

三、耕地质量等级评价指标体系建立

耕地质量等级评价的因素，系指参与评定耕地质量等级耕地的有关属性。正确地选取参与评价的有关因素，是科学评价耕地质量的前提，直接关系到评价结果的正确性、科学性和社会可接受性。影响耕地质量的因素很多，潍坊市耕地质量等级评价，依据国家标准《耕地质量等级》（GB/T 33469—2016）潍坊市划归为黄淮海农业区中的山东丘陵农林二级区，其耕地质量等级评价指标，根据潍坊市的特点，遵循主导因素原则、差异性原则、稳定性原则、敏感性原则，采用定量和定性方法结合进行参评因素的选取。

1. 系统聚类方法　系统聚类方法用于筛选影响耕地质量的理化性质等定量指标，通过聚类将类似的指标进行归并，辅助选取相对独立的主导因子。利用 SPSS 统计软件进行土壤养分等化学性状的系统聚类，聚类结果为土壤养分等化学性状评价指标的选取提供依据。

2. 特尔斐法　用特尔斐法进行影响耕地质量的立地条件、环境条件、物理性状等定性指标的筛选，确定由土壤农业化学学者、专家及土肥系统技术人员组成的专家组，首先对指标进行分类，在此基础上进行指标的选取，并讨论确定最终的选择方案。

综合以上 2 种方法，在定量因素中根据各因素对耕地质量影响的稳定性，以及营养元素的全面性，在聚类分析基础上，结合专家组选择结果，最后确定灌溉能力、耕层质地、质地构型、地形部位、盐渍化、排水能力、有机质、有效磷、速效钾、酸碱度、有效土层厚度、土壤容重、地下水埋深、障碍因素、耕层厚度、农田林网、生物多样性、清洁程度这 18 项因素作为耕地质量评价的参评指标。

四、耕地质量等级指标权重及隶属函数

（一）指标权重的确定

参照国家标准《耕地质量等级》（GB/T 33469—2016），潍坊市属于黄淮海农业区中的山东丘陵农林二级农业区，依据二级农业区的特点，确定各参评因子的权重。

在耕地质量等级评价中，需要根据各参评因素对耕地质量的贡献确定权重，确定权重的方法很多，本次评价中采用层次分析法（AHP）来确定各参评因素的权重。层次分析法（AHP）是在定性方法基础上发展起来的定量确定参评因素权重的一种系统分析方法，这种方法可将人们的经验思维数量化，用以检验决策者判断的一致性，有利于实现定量化评价。AHP法确定参评因素的步骤如下：

1. 建立层次结构　耕地质量为目标层（G 层），影响耕地质量的立地条件、物理性状、化学性状、环境条件为准则层（C 层），再把影响准则层中各元素的项目作为指标层（A 层）。

例如，潍坊市的层次结构如图 5-2 所示。

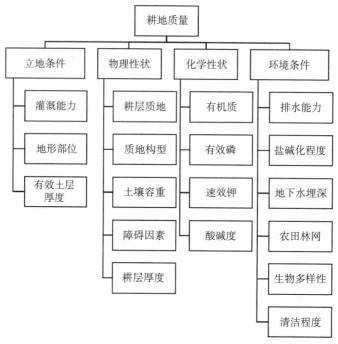

图 5-2 潍坊市耕地质量评价因素层次结构

2. 构建判断矩阵 根据专家经验，确定 C 层对 G 层以及 A 层对 C 层的相对重要程度，共构成 G、C1、C2、C3、C4 共 5 个判断矩阵。例如，潍坊市的立地条件、物理性状、化学性状、环境条件对耕地质量的判断矩阵如表 5-1 所示。表中，数字表示对耕地质量（G）而言，立地条件、物理性状、化学性状、环境条件两两比较的相对重要性的数值。

表 5-1 潍坊市耕地质量评价 G 层次判断矩阵

耕地质量	立地条件	物理性状	化学性状	环境条件
立地条件	1.000 0	1.835 5	2.018 2	4.955 4
物理性状	0.544 8	1.000 0	1.099 5	2.699 8
化学性状	0.495 5	0.909 5	1.000 0	2.455 8
环境条件	0.201 8	0.370 4	0.407 2	1.000 0

3. 层次单排序及一致性检验 即求取 A 层对 C 层的权数值，可归结为计算判断矩阵的最大特征根对应的特征向量。利用 SPSS 等统计软件，得到的各权数值及一致性检验的结果。例如，潍坊市各层次的权数值及一致性检验结果，如表 5-2 所示。

表 5-2 潍坊市各层次的权数值及一致性检验结果

矩阵	特 征 向 量				CI	CR
矩阵 G	0.446 0	0.243 0	0.221 0	0.090 0	0	0<0.1
矩阵 C1	0.374 4	0.349 8	0.275 8		0	0<0.1

（续）

矩阵	特 征 向 量					CI	CR
矩阵 C2	0.423 8	0.288 1	0.123 5	0.082 3	0.082 3	0	0＜0.1
矩阵 C3	0.389 1	0.239 8	0.190 1	0.181 0		0	0＜0.1
矩阵 C4	0.444 4	0.111 1	0.111 1	0.111 1	0.111 1	0	0＜0.1

从表中可以看出，$CR<0.1$，具有很好的一致性。

4. 各因子权重确定 采用层次分析法计算结果，确定了潍坊市耕地质量评价各参评因子的权重，如表 5-3 所示。

表 5-3　潍坊市评价指标的权重

指标名称	指标权重
灌溉能力	0.167
有效土层厚度	0.156
地形部位	0.123
耕层质地	0.103
有机质	0.086
质地构型	0.070
有效磷	0.053
速效钾	0.042
酸碱度	0.040
排水能力	0.040
土壤容重	0.030
障碍因素	0.020
耕层厚度	0.020
地下水埋深	0.010
农田林网化	0.010
盐渍化程度	0.010
生物多样性	0.010
清洁程度	0.010

（二）隶属函数的建立

隶属函数类型包括概念型、戒上型、戒下型、峰型、直线型五类。对概念型数据，直接采用特尔斐法给出隶属度，如表 5-4、表 5-5 所示。

表 5-4　概念型指标隶属度（一）

属性	评价指标分级及隶属度			
有效土层厚度	≥100	60～100	30～60	＜30

（续）

属性	评价指标分级及隶属度				
隶属度	1	0.8	0.6	0.4	
耕层质地 隶属度	中壤 1	轻壤 0.94	重壤 0.92	黏土 0.88	砂壤 0.8
	砾质壤土 0.55	砂土 0.5	砾质砂土 0.45	壤质砾石土 0.45	砂质砾石土 0.4
土壤容重 隶属度	适中 1	偏轻 0.8	偏重 0.8		
质地构型 隶属度	夹黏型 0.95	上松下紧型 0.93	通体壤 0.9	紧实型 0.85	夹层型 0.8 海绵型 0.75
	上紧下松型 0.75	松散型 0.65	通体砂 0.6	薄层型 0.4	裸露岩石 0.2
生物多样性 隶属度	丰富 1	一般 0.8	不丰富 0.6		
清洁程度 隶属度	清洁 1	尚清洁 0.8			
障碍因素 隶属度	无 1	夹砂层 0.8	砂姜层 0.7	砾质层 0.5	
灌溉能力 隶属度	充分满足 1	满足 0.85	基本满足 0.7	不满足 0.5	
排水能力 隶属度	充分满足 1	满足 0.85	基本满足 0.7	不满足 0.5	
农田林网化 隶属度	高 1	中 0.8	低 0.6		
pH 隶属度	≥8.5 0.5	8~8.5 0.8	7.5~8 0.9	6.5~7.5 1	6~6.5 0.9	5.5~6 0.85	4.5~5.5 0.75	<4.5 0.5
耕层厚度 隶属度	≥20 1	15~20 0.8	<15 0.6		
盐渍化程度 隶属度	无 1	轻度 0.8	中度 0.6	重度 0.35	
地下水埋深 隶属度	≥3 1	2~3 0.8	<2 0.6		

表 5-5　概念型指标隶属度（二）

属性	评价指标分级及隶属度				
地形部位 隶属度	低海拔湖积平原 1	低海拔湖积冲积平原 1	低海拔冲积湖积平原 1	低海拔冲积湖积三角洲平原 1	低海拔湖积冲积三角洲平原 1

（续）

属性	评价指标分级及隶属度				
	低海拔冲积平原	低海拔洪积平原	低海拔冲积洪积平原	低海拔冲积扇平原	低海拔洪积扇平原
	1	1	1	1	1
	低海拔冲积洪积扇平原	低海拔河谷平原	低海拔侵蚀冲积黄土河谷平原	低海拔侵蚀剥蚀平原	低海拔泻湖洼地
	1	1	0.95	0.95	0.9
	低海拔冲积洼地	低海拔冲积洪积洼地	低海拔侵蚀剥蚀低台地	低海拔喀斯特侵蚀低台地	低海拔冲积洪积低台地
	0.9	0.9	0.85	0.85	0.85
	低海拔洪积低台地	低海拔海蚀低台地	低海拔半固定缓起伏沙地	低海拔固定缓起伏沙地	低海拔冲积高地
	0.85	0.85	0.85	0.85	0.85
	低海拔冲积决口扇	低海拔河流低阶地	低海拔冲积河漫滩	低海拔湖积低阶地	低海拔湖积冲积洼地
	0.85	0.85	0.85	0.85	0.85
地形部位隶属度	低海拔湖滩	低海拔湖积微高地	低海拔熔岩平原	低海拔冲积海积平原	低海拔冲积海积洼地
	0.85	0.85	0.85	0.85	0.8
	低海拔海积冲积平原	低海拔海积冲积三角洲平原	中海拔干燥剥蚀高平原	中海拔干燥洪积平原	中海拔侵蚀冲积黄土河谷平原
	0.8	0.8	0.8	0.8	0.8
	中海拔河谷平原	中海拔冲积平原	中海拔洪积平原	中海拔冲积洪积平原	中海拔洪积扇平原
	0.8	0.8	0.8	0.8	0.8
	中海拔湖积平原	中海拔冲积湖积平原	中海拔湖积冲积平原	低海拔熔岩低台地	低海拔海蚀低阶地
	0.8	0.8	0.8	0.8	0.75
	低海拔海滩	低海拔冲积海积微高地	低海拔海积冲积微高地	低海拔冲积海积三角洲平原	中海拔干燥剥蚀低台地
	0.75	0.75	0.75	0.75	0.7
	中海拔侵蚀剥蚀低台地	中海拔半固定缓起伏沙地	中海拔固定缓起伏沙地	中海拔冲积洪积低台地	中海拔洪积低台地
	0.7	0.7	0.7	0.7	0.7
	中海拔河流低阶地	中海拔冲积河漫滩	中海拔湖滩	中海拔湖积低阶地	低海拔侵蚀剥蚀高台地
	0.7	0.7	0.7	0.7	0.7
	低海拔喀斯特侵蚀高台地	低海拔侵蚀堆积黄土峁梁	低海拔侵蚀堆积黄土斜梁	低海拔侵蚀堆积黄土梁塬	低海拔侵蚀冲积黄土台塬
	0.7	0.7	0.7	0.7	0.7
	低海拔侵蚀堆积黄土岗地	低海拔侵蚀堆积黄土塬	低海拔洪积高台地	低海拔冲积洪积高台地	低海拔侵蚀冲积黄土河流高阶地
	0.7	0.7	0.7	0.7	0.7

（续）

属性	评价指标分级及隶属度				
地形部位隶属度	低海拔河流高阶地 0.7	低海拔海蚀高台地 0.7	低海拔海积洼地 0.7	低海拔海积平原 0.7	低海拔侵蚀剥蚀低丘陵 0.65
	低海拔喀斯特侵蚀 低丘陵 0.65	低海拔侵蚀剥蚀 熔岩低丘陵 0.65	中海拔侵蚀 堆积黄土塬 0.65	中海拔侵蚀 堆积黄土梁塬 0.65	中海拔侵蚀 堆积黄土残塬 0.65
	中海拔干燥 洪积高台地 0.65	中海拔洪积高台地 0.65	中海拔侵蚀 冲积黄土台塬 0.65	黄土覆盖中起伏低山 0.5	中海拔侵蚀剥蚀 低丘陵 0.5
	侵蚀剥蚀小起伏低山 0.5	喀斯特侵蚀 小起伏低山 0.5	喀斯特小起伏低山 0.5	侵蚀剥蚀小 起伏熔岩低山 0.5	黄土覆盖 小起伏低山 0.5
	中海拔侵蚀 剥蚀高台地 0.5	中海拔熔岩高台地 0.5	中海拔干燥 剥蚀高台地 0.5	低海拔陡深河谷 0.5	低海拔侵蚀剥蚀 高丘陵 0.5
	低海拔喀斯特侵蚀 高丘陵 0.5	低海拔侵蚀剥蚀 熔岩高丘陵 0.5	低海拔喀斯特 高丘陵 0.5	黄土覆盖小起伏中山 0.4	中海拔侵蚀剥蚀 高丘陵 0.4
	侵蚀剥蚀中起伏低山 0.4	喀斯特侵蚀 中起伏低山 0.4	侵蚀剥蚀中起伏 熔岩低山 0.4	侵蚀剥蚀 中起伏中山 0.35	喀斯特侵蚀 中起伏中山 0.35
	黄土覆盖 中起伏中山 0.35	侵蚀剥蚀小起伏中山 0.35	喀斯特侵蚀 小起伏中山 0.35	侵蚀剥蚀 大起伏中山 0.2	喀斯特侵蚀 大起伏中山 0.2

对其他数值型数据，应用特尔菲法评估各参评指标等级数值对耕地质量及作物生长的影响，确定其对应的隶属度，在此基础上绘制各指标两组数据的散点图并模拟曲线，得到各参评指标等级数值与隶属度关系方程，从而构建各参评指标隶属函数，如表5－6所示。

表5－6 数值型指标隶属函数模型

指标名称	函数类型	函数公式	a 值	c 值	U1 值	U2 值	条件内容
有机质	戒上型	$y=1/[1+a(u-c)^2]$	0.005 431	18.219 012	0	18.2	全部
速效钾	戒上型	$y=1/[1+a(u-c)^2]$	0.000 01	277.304 96	0	277	全部
有效磷	戒上型	$y=1/[1+a(u-c)^2]$	0.000 102	79.043 468	0	79.0	<110
有效磷	戒下型	$y=1/[1+a(u-c)^2]$	0.000 007	148.611 679	148.6	500.0	≥110

五、耕地质量等级确定

根据《耕地质量等级》（GB/T 33469—2016），采用指数和法计算各评价单元的耕地质量综合指数。耕地质量综合指数计算公式为：

$$P = \sum (F_i \times C_i)$$

式中：

P——耕地质量综合指数；

F_i——第 i 个评价指标的隶属度；

C_i——第 i 个评价指标的总合权重。

计算耕地质量综合指数之后，采用等距离法将耕地质量划分为 10 个等级，如表 5 - 7 所示。其中，一等地耕地质量最好，十等地耕地质量最差。

表 5 - 7　潍坊市耕地质量等级划分标准

耕地质量等级	综合指数范围
一等	≥0.964
二等	0.933～0.964
三等	0.902～0.933
四等	0.871～0.902
五等	0.840～0.871
六等	0.809～0.840
七等	0.778～0.809
八等	0.747～0.778
九等	0.716～0.747
十等	<0.716

第二节　耕地质量等级分析

一、耕地质量等级总体情况

潍坊市耕地质量等级调查评价耕地面积为 10 043 626.09 亩。其耕地质量等级由高到低依次划分为一至十等地。一等地耕地质量最好，十等地耕地质量最差。采用耕地质量等级面积加权法，计算得到潍坊市耕地质量平均等级为 4.43 等（表 5 - 8）。

评价为一至三等的高产耕地面积为 4 614 545.31 亩，占潍坊市评价耕地总面积的 45.94%，主要分布在西北部、中部和东南部地区。高产耕地耕地地力较高，农田设施条件好，应加强耕地保育和利用，确保耕地质量稳中有升。评价为四至六等的中产耕地面积为 3 191 731.72 亩，占潍坊市评价耕地总面积的 31.78%，分布在中西部和中东部地区。这部分耕地立地条件较好，具备一定的农田基础设施，是发展粮食、蔬菜和经济作物的重点生产区域，今后应重点加强地力培育，提高耕地有效养分，完善灌溉条件。评价为七至十等的低产耕地面积为 2 237 349.06 亩，占潍坊市评价耕地总面积的 22.28%，主要分布在东南部、南部和北部等地区。这部分耕地立地条件较差，大部分耕地灌溉困难，基础地力较低，应大力开展农田基础设施建设，改良土壤，培肥地力（图 5 - 3）。

表 5－8　潍坊市耕地质量等级面积比例

耕地质量等级	面积（亩）	比例（%）
一等	659 248.70	6.56
二等	2 177 762.56	21.68
三等	1 777 534.05	17.70
四等	1 061 315.77	10.57
五等	1 120 715.98	11.16
六等	1 009 699.97	10.05
七等	804 576.11	8.01
八等	655 667.50	6.53
九等	428 785.57	4.27
十等	348 319.88	3.47
合计	10 043 626.09	100.00

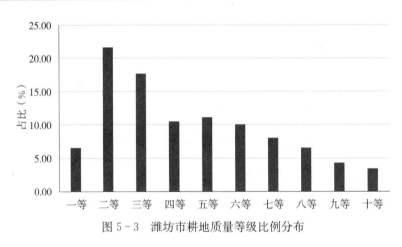

图 5－3　潍坊市耕地质量等级比例分布

二、耕地质量等级分布特征

将潍坊市耕地质量等级分布图与行政区划图进行叠加分析，从耕地质量等级的行政区域数据库中，按照权属字段检索出所有等级在各个县（市、区）的记录，统计出一至十级地在各县（市、区）的分布状况，见表 5－9。

从表中看出一、二、三级高等级耕地质量所占比例较高的县（市、区）主要有安丘市、昌邑市、高密市、寒亭区、青州市、寿光市、潍城区；四、五、六级中等级耕地质量所占比例较高的县（市、区）主要有昌乐县、坊子区、奎文区、峡山区、诸城市；七、八、九、十级低等级耕地质量所占比例较高的县（市、区）主要为临朐县。

表 5-9　潍坊市耕地质量等级分布特征

镇名称	属性	一等	二等	三等	四等	五等	六等	七等	八等	九等	十等	合计
安丘市	耕地面积（亩）	113 135.64	217 674.32	137 046.17	92 042.34	160 537.64	119 344.05	103 815.49	79 605.77	82 586.42	99 456.40	1 205 244.24
	面积比例（%）	9.39	18.06	11.37	7.64	13.32	9.90	8.61	6.61	6.85	8.25	100.00
昌乐县	耕地面积（亩）	32 760.74	118 766.81	70 054.94	132 638.50	130 366.31	77 046.59	114 629.02	62 430.93	29 066.74	10 315.17	778 075.75
	面积比例（%）	4.21	15.27	9.00	17.05	16.75	9.90	14.73	8.02	3.74	1.33	100.00
昌邑市	耕地面积（亩）	87 608.94	280 339.20	254 822.93	73 205.89	170 507.93	112 901.98	22 457.59	12 941.66	3 149.13	0.00	1 017 935.25
	面积比例（%）	8.61	27.54	25.03	7.19	16.75	11.09	2.21	1.27	0.31	0.00	100.00
坊子区	耕地面积（亩）	0.00	6.02	1 459.74	32 086.73	79 803.79	62 454.66	34 892.53	35 801.71	26 389.30	10 639.43	283 533.91
	面积比例（%）	0.00	0.01	0.51	11.32	28.14	22.03	12.30	12.63	9.31	3.75	100.00
高密市	耕地面积（亩）	62 987.62	245 514.05	373 295.44	271 013.80	157 887.11	66 125.32	29 711.50	34 502.71	14 995.49	9 786.51	1 265 729.55
	面积比例（%）	4.97	19.40	29.49	21.41	12.47	5.22	2.35	2.73	1.18	0.77	100.00
寒亭区	耕地面积（亩）	54 905.61	266 109.27	42 098.01	12 984.68	21 338.10	98 750.33	21 302.81	13 025.25	55.17	19.46	530 588.69
	面积比例（%）	10.35	50.15	7.93	2.45	4.02	18.61	4.01	2.46	0.01	0.01	100.00
奎文区	耕地面积（亩）	0.00	54.50	650.20	6 136.44	18 478.02	4 703.62	1 309.82	243.63	0.00	0.00	31 576.23
	面积比例（%）	0.00	0.17	2.06	19.43	58.52	14.90	4.15	0.77	0.00	0.00	100.00
临朐县	耕地面积（亩）	6 935.39	10 308.99	15 322.46	35 602.43	96 336.82	94 152.02	110 930.01	154 747.62	120 607.44	74 005.39	718 948.57
	面积比例（%）	0.97	1.43	2.13	4.95	13.40	13.10	15.43	21.52	16.78	10.29	100.00
青州市	耕地面积（亩）	192 191.51	291 478.24	107 650.74	44 435.00	14 689.31	11 330.02	21 741.14	29 673.11	39 869.41	36 792.55	789 851.03
	面积比例（%）	24.33	36.90	13.63	5.63	1.86	1.43	2.75	3.76	5.05	4.66	100.00
寿光市	耕地面积（亩）	62 099.61	453 929.76	380 256.26	113 968.42	33 921.95	140 593.11	136 502.49	77 209.50	30 312.18	9 730.35	1 438 523.63
	面积比例（%）	4.32	31.55	26.43	7.92	2.36	9.77	9.49	5.37	2.11	0.68	100.00
潍城区	耕地面积（亩）	27 158.34	45 045.17	44 245.40	4 238.29	1 710.51	618.10	70.03	240.83	10.18	0.00	123 336.85
	面积比例（%）	22.02	36.52	35.87	3.44	1.39	0.50	0.06	0.19	0.01	0.00	100.00
峡山区	耕地面积（亩）	1 783.42	19 186.53	65 192.10	75 892.79	43 423.53	23 394.2	42 167.27	28 269.29	1 486.2	64.85	300 860.18
	面积比例（%）	0.59	6.38	21.67	25.22	14.43	7.78	14.02	9.40	0.49	0.02	100.00
诸城市	耕地面积（亩）	17 681.88	229 349.70	285 439.66	167 070.46	191 714.96	198 285.97	165 046.41	126 975.49	80 257.91	97 509.77	1 559 332.21
	面积比例（%）	1.13	14.71	18.31	10.71	12.29	12.72	10.59	8.14	5.15	6.25	100.00
合计	耕地面积（亩）	659 248.70	2 177 762.56	1 777 534.05	1 061 315.77	1 120 715.98	1 009 699.97	804 576.11	655 667.50	428 785.57	348 319.88	10 043 536.09
	面积比例（%）	6.56	21.68	17.70	10.57	11.16	10.05	8.01	6.53	4.27	3.47	100.00

三、耕地质量等级分布现状

1. 一等地 一等地耕地面积为 659 248.70 亩，占全市总耕地面积的 6.56%，一等地全部为水浇地，见表 5-10。

表 5-10 一等地各利用类型面积

利用类型	评价单元（个）	面积（亩）	占耕地总面积（%）	占一等地面积（%）
水浇地	14 209	659 248.70	6.56	100.00
总计	14 209	659 248.70	6.56	100.00

一等地土壤类型以典型潮土和潮褐土为主，兼有潮棕壤、典型褐土、典型砂姜黑土、典型棕壤、褐土性土、淋溶褐土、湿潮土、石灰性褐土和石灰性砂姜黑土分布。土壤耕层质地主要为中壤，兼有轻壤、黏土和重壤分布。质地构型以通体壤为主，兼有夹层型、夹黏型、紧实型和上松下紧型。地貌类型以微倾斜平地为主，兼有滨海低地、冲积扇、低山、碟状洼地、高丘、谷地、河漫滩、平地、平台、缓坡地和斜坡地。土层深厚，土壤理化性状良好，可耕性强。农田水利设施完善，灌排能力达到满足和充分满足，灌排条件好。土壤有机质中等，有效磷和速效钾养分含量均属于丰富水平，见表 5-11。

表 5-11 一等地主要养分含量

项目	有机质（g/kg）	有效磷（mg/kg）	速效钾（mg/kg）
平均值	16.87	73.58	248.00
范围值	10.55~44.35	9.27~403.03	11.00~1 332.00
含量水平	中	丰富	丰富

一等地是潍坊市重要的优质耕地，是粮食、蔬菜的主要生产基地，土层深厚，土壤理化性状良好，可耕性强。要实现农业高产高效发展和粮食需求，在农业生产中应注意培肥提质，实施平衡施肥，适量补施中微量元素肥料，协调大中微量元素养分比例。同时，严格农业投入品管理，防止土壤污染。

2. 二等地 二等地耕地面积为 2 177 762.56 亩，全部为水浇地，占全市总耕地面积的 21.68%，见表 5-12。

表 5-12 二等地各利用类型面积

利用类型	评价单元（个）	面积（亩）	占耕地总面积（%）	占二等地面积（%）
水浇地	53 665	2 177 762.56	21.68	100.00
总计	53 665	2 177 762.56	21.68	100.00

二等地土壤类型以典型潮土和潮褐土为主，兼有潮棕壤、典型褐土、典型砂姜黑土、典型棕壤、淋溶褐土、褐土性土、湿潮土、石灰性褐土和石灰性砂姜黑土分布。土壤耕层质地主要为中壤和轻壤，兼有砂壤、砂土、黏土、重壤和砾质壤。质地构型主要为通体壤，兼有薄层型、夹层型、夹黏型、紧实型和上松下紧型分布。地貌类型以微倾斜平地为

主，兼有滨海低地、冲积扇、低丘、低山、碟状洼地、高丘、谷地、河漫滩、平地、平台、缓坡地和斜坡地，土层深厚，土壤理化性状良好，可耕性强，但是与一等地还有一定差距。为满足农业高产高效发展和粮食需求，需要进一步完善农田水利设施，使灌排能力达到满足和充分满足，完善灌排条件。土壤有机质、有效磷和速效钾养分含量均属于中等水平，见表5-13。

表5-13　二等地主要养分含量

项目	有机质（g/kg）	有效磷（mg/kg）	速效钾（mg/kg）
平均值	16.64	69.67	226.00
范围值	4.83～48.52	2.40～454.26	2.00～1 535.00
含量水平	中	中	中

　　二等地是潍坊市重要的优质耕地，是粮食、蔬菜的主要生产基地，但是要实现农业高产高效发展和粮食需求，在农业生产中还应注意培肥提质，实施平衡施肥，适量补施中微量元素肥料，协调各养分比例。同时，严格农业投入品管理，防止土壤污染。

　　3. 三等地　三等地耕地面积为1 777 534.05亩，全部为水浇地，占全市总耕地面积的17.70%，见表5-14。

表5-14　三等地各利用类型面积

利用类型	评价单元（个）	面积（亩）	占耕地总面积（%）	占三等地面积（%）
水浇地	48 420	1 777 534.05	17.70	100.00
总计	48 420	1 777 534.05	17.70	100.00

　　三等地土壤类型以典型潮土为主，兼有潮褐土、潮棕壤、典型褐土、典型砂姜黑土、典型棕壤、淋溶褐土、褐土性土、湿潮土、石灰性褐土和石灰性砂姜黑土分布。土壤耕层质地主要为轻壤和中壤，兼有砂壤、砂土、黏土、重壤和砾质壤。质地构型主要为通体壤，兼有薄层型、夹层型、夹黏型、紧实型和上松下紧型分布。地貌类型以微倾斜平地为主，兼有滨海低地、冲积扇、低丘、低山、碟状洼地、高丘、谷地、河漫滩、平地、平台、缓坡地和斜坡地，土层深厚，土壤理化性状良好，可耕性强。农田水利设施较完善，灌排条件较好，基本达到了旱能浇、涝能排的生产条件。土壤有机质、有效磷和速效钾养分含量均属于中等水平，见表5-15。

表5-15　三等地主要养分含量

项目	有机质（g/kg）	有效磷（mg/kg）	速效钾（mg/kg）
平均值	15.96	59.74	204.00
范围值	1.09～58.93	1.06～622.65	1.00～1 569.00
含量水平	中	中	中

　　三等地是潍坊市重要的优质耕地，是粮食、蔬菜的主要生产基地，但在生产条件及土壤肥力状况上与一二等地还有一定差距，重点应完善农业生产条件，提高耕地肥力

水平。生产利用中应注意：一是增施有机肥料。实行秸秆直接还田或过腹还田，不断培肥地力。二是完善农田基础设施建设。大力推广节水灌溉技术，提高灌溉保证率。三是科学施肥。注意补施中微量元素肥料，协调各养分比例，加强肥料投入品管理，实现清洁生产。

4. 四等地 四等地耕地面积为 1 061 315.77 亩，占全市总耕地面积的 10.57%，其中旱地 70748.83 亩（第三次土地调查土地利用现状图中的旱地，实际为通过小白龙灌溉的农田，由于没有灌排设施，所以判定为旱地），水田 117.68 亩，水浇地 990 449.26 亩，分别占四等地总面积的 6.67%、0.01%、93.32%，见表 5 - 16。

表 5 - 16 四等地各利用类型面积

利用类型	评价单元（个）	面积（亩）	占耕地总面积（%）	占四等地面积（%）
旱地	3 934	70 748.83	0.70	6.67
水田	1	117.68	0.01	0.01
水浇地	28 784	990 449.26	9.86	93.32
总计	32 719	1 061 315.77	10.57	100.00

四等地土壤类型以典型潮土为主，兼有潮褐土、潮棕壤、典型褐土、典型砂姜黑土、典型棕壤、淋溶褐土、褐土性土、湿潮土、石灰性褐土、盐化潮土、棕壤性土和石灰性砂姜黑土分布。土壤耕层质地主要为轻壤和中壤，兼有砂壤、砂土、黏土、重壤、砾质砂和砾质壤。质地构型主要为通体壤，兼有薄层型、夹层型、夹黏型、紧实型和上松下紧型分布。地貌类型以平地和微倾斜平地为主，兼有滨海低地、冲积扇、低丘、低山、碟状洼地、高丘、谷地、河漫滩、平台、缓坡地和斜坡地，土层深厚，农田水利设施较完善，灌排条件较好，基本达到了旱能浇、涝能排的生产条件。土壤有机质、有效磷和速效钾养分含量均属于中等水平，见表 5 - 17。

表 5 - 17 四等地主要养分含量

项目	有机质（g/kg）	有效磷（mg/kg）	速效钾（mg/kg）
平均值	15.20	53.76	193.00
范围值	1.03~44.28	1.07~534.50	6.00~1 242.00
含量水平	中	中	中

四等地是潍坊市主要的粮食生产基地，产量水平中等偏上。但部分耕地存在缺素问题和灌排能力较低等问题。合理利用措施为：一是重视农田基本设施建设，推广畦灌、管灌节水灌溉措施。二是大力普及测土配方施肥技术，重视有机肥使用，针对不同的缺素问题，做到稳氮、调磷、增钾，补施中微量元素肥料。

5. 五等地 五等地耕地面积为 1 120 715.98 亩，占全市总耕地面积的 11.16%。其中旱地 595 438.50 亩（第三次国土调查土地利用现状图中的旱地，实际为通过小白龙灌溉的农田，由于没有灌排设施，所以判定为旱地），水田 7.50 亩，水浇地 525 269.98 亩，分别占五等地总面积的 53.13%、0.01%、46.86%，见表 5 - 18。

表 5-18　五等地各利用类型面积

利用类型	评价单元（个）	面积（亩）	占耕地总面积（％）	占五等地面积（％）
旱地	25 905	595 438.50	5.92	53.13
水田	1	7.50	0.01	0.01
水浇地	16 624	525 269.98	5.23	46.86
总计	42 530	1 120 715.98	11.16	100.00

五等地土壤类型以淋溶褐土和典型潮土为主，兼有潮褐土、潮棕壤、典型褐土、典型砂姜黑土、典型棕壤、褐土性土、湿潮土、石灰性褐土、盐化潮土、棕壤性土和石灰性砂姜黑土分布。土壤耕层质地主要为轻壤，兼有中壤、砂壤、砂土、黏土、重壤、砾质砂和砾质壤。质地构型主要为通体壤，兼有薄层型、夹层型、夹黏型、紧实型和上松下紧型分布。地貌类型以微倾斜平地为主，兼有滨海低地、冲积扇、低丘、低山、碟状洼地、高丘、谷地、河漫滩、平地、平台、缓坡地、中山和斜坡地，土壤理化性状较好，可耕性较强。部分耕地无水源和农田水利设施条件，有灌排条件的部分耕地灌溉保证率较低。土壤有机质、有效磷和速效钾养分含量均属于中等偏下水平，见表 5-19。

表 5-19　五等地主要养分含量

项目	有机质（g/kg）	有效磷（mg/kg）	速效钾（mg/kg）
平均值	15.02	50.55	181.00
范围值	1.08～39.75	1.24～475.68	2.00～998.00
含量水平	中偏下	中偏下	中偏下

五等地是潍坊市的中产量水平耕地。部分耕地水源无保障，农田水利设施不完善，灌排条件较差；部分耕地土壤保肥保水性差。总体来讲土壤养分含量不高，部分耕地有缺素问题。改良利用措施为：一是改善灌溉条件。在有灌溉水源的地方，完善田间水利设施，发展节水灌溉，扩大灌溉面积。二是发展旱作农业。无水源保障区域通过选种耐旱作物品种、秸秆还田、地膜覆盖等农艺措施提高产能。三是通过推广深耕、增施有机肥料等措施，改良土壤理化性状，提高耕地保水保肥能力。四是推广应用平衡施肥等技术，提高耕地生产能力。

6. 六等地　六等地耕地面积为 1 009 699.97 亩，占全市总耕地面积的 10.05％。其中旱地 815 636.07 亩（第三次国土调查土地利用现状图中的旱地，实际为通过小白龙灌溉的农田，由于没有灌排设施，所以判定为旱地），水浇地 194 063.90 亩，分别占六等地总面积的 80.78％、19.22％，见表 5-20。

表 5-20　六等地各利用类型面积

利用类型	评价单元（个）	面积（亩）	占耕地总面积（％）	占六等地面积（％）
旱地	33 633	815 636.07	8.12	80.78
水浇地	6 996	194 063.90	1.93	19.22

（续）

利用类型	评价单元（个）	面积（亩）	占耕地总面积（%）	占六等地面积（%）
总计	40 629	1 009 699.97	10.05	100.00

六等地土壤类型以淋溶褐土为主，兼有潮褐土、潮棕壤、典型潮土、典型褐土、典型砂姜黑土、典型棕壤、褐土性土、湿潮土、石灰性褐土、盐化潮土、棕壤性土和石灰性砂姜黑土分布。土壤耕层质地主要为轻壤，兼有中壤、砂壤、砂土、黏土、重壤、砾质砂和砾质壤。质地构型主要为通体壤，兼有薄层型、夹层型、夹黏型、紧实型和上松下紧型分布。地貌类型以高丘为主，兼有滨海低地、冲积扇、低丘、低山、碟状洼地、谷地、河漫滩、平地、平台、缓坡地、中山、微倾斜平地和斜坡地，部分耕地无水源和农田水利设施条件，有灌排条件的部分耕地灌溉保证率较低。土壤有机质、有效磷和速效钾养分含量均属于中等偏下水平，见表5-21。

表5-21　六等地主要养分含量

项目	有机质（g/kg）	有效磷（mg/kg）	速效钾（mg/kg）
平均值	15.19	54.15	199.00
范围值	1.08~42.63	1.06~369.79	1.00~1 376.00
含量水平	中偏下	中偏下	中偏下

六等地的水源保障较差，农田水利设施不完善，灌溉条件较差，农业生产主要靠天灌溉。山区部分耕地耕层中有砾石，影响作物的正常生长发育。部分耕地土壤保肥保水性差、土壤养分含量偏低。改良利用措施为：一是加强农田基本建设，平整土地，因地制宜兴修水利，完善灌排设施。二是科学施肥。以有机无机肥相结合为原则，增施有机肥，推广测土配方施肥，改良结构，均衡土壤养分。

7. 七等地　七等地耕地面积为804 576.11亩，占全市总耕地面积的8.01%。其中旱地746 948.19亩，水浇地57 627.92亩，分别占七等地总面积的92.84%、7.16%，见表5-22。

表5-22　七等地各利用类型面积

利用类型	评价单元（个）	面积（亩）	占耕地总面积（%）	占七等地面积（%）
旱地	31 196	746 948.19	7.44	92.84
水浇地	2 797	57 627.92	0.57	7.16
总计	33 993	804 576.11	8.01	100.00

七等地土壤类型以淋溶褐土为主，兼有潮褐土、潮棕壤、典型滨海盐土、典型潮土、典型褐土、典型砂姜黑土、典型棕壤、钙质粗骨土、褐土性土、湿潮土、石灰性褐土、酸性粗骨土、中性粗骨土、盐化潮土、棕壤性土和石灰性砂姜黑土分布。土壤耕层质地主要为轻壤，兼有中壤、砂壤、砂土、黏土、砾质砂和砾质壤。质地构型主要为通体壤，兼有薄层型、夹层型、夹黏型、紧实型和上松下紧型分布。地貌类型以高丘为主，兼有滨海低

地、冲积扇、低丘、低山、碟状洼地、谷地、河漫滩、平地、平台、缓坡地、中山、微倾斜平地和斜坡地，农田水利设施较差，灌排条件较差，大部分耕地无水源和农田水利设施条件，有灌排条件的部分耕地灌溉保证率较低。土壤有机质、有效磷和速效钾养分含量均属于中等偏下水平，见表5-23。

表5-23　七等地主要养分含量

项目	有机质（g/kg）	有效磷（mg/kg）	速效钾（mg/kg）
平均值	14.86	53.71	189.00
范围值	1.02～39.08	1.29～653.20	1.00～1 139.00
含量水平	中偏下	中偏下	中偏下

七等地的土壤灌排条件差、土壤肥力偏低。主要改良利用措施为：一是加大土地治理力度，提高土壤保水保肥能力。二是因地制宜调整农业种植结构，发展耐旱耐贫瘠作物，发展果园种植，实行多种经营，增加农民收入。三是推广秸秆还田、保护性耕作技术，加强农田防护林网建设，平整土地，健全排水设施。四是增施有机肥料，提高土壤有机质，选用适宜的肥料品种，均衡养分状况。

8. 八等地　八等地耕地面积为655 667.50亩，占全市总耕地面积的6.53。其中旱地634 886.86亩，水浇地20 780.64亩，分别占八等地总面积的96.83%、3.17%，见表5-24。

表5-24　八等地各利用类型面积

利用类型	评价单元（个）	面积（亩）	占耕地总面积（%）	占八等地面积（%）
旱地	28 255	634 886.86	6.32	96.83
水浇地	1 100	20 780.64	0.21	3.17
总计	29 355	655 667.50	6.53	100.00

八等地土壤类型以淋溶褐土为主，兼有潮褐土、潮棕壤、典型滨海盐土、滨海潮滩盐土、典型潮土、典型褐土、典型砂姜黑土、典型棕壤、钙质粗骨土、褐土性土、湿潮土、石灰性褐土、酸性粗骨土、中性粗骨土、盐化潮土和棕壤性土分布。土壤耕层质地主要为轻壤，兼有中壤、砂壤、砂土、黏土、砾质砂和砾质壤。质地构型主要为通体壤，兼有薄层型、夹层型、夹黏型、紧实型、通体砂和上松下紧型分布。地貌类型以低山为主，兼有滨海低地、冲积扇、低丘、高丘、谷地、海滩、河漫滩、平地、平台、缓坡地、中山、微倾斜平地和斜坡地，农田水利设施较差，大部分耕地灌溉保证率较低。土壤有机质、有效磷和速效钾养分含量均属于中等偏下水平，见表5-25。

表5-25　八等地主要养分含量

项目	有机质（g/kg）	有效磷（mg/kg）	速效钾（mg/kg）
平均值	13.98	47.88	181.00
范围值	1.09～48.68	1.02～343.09	1.00～1 093.00

（续）

项目	有机质（g/kg）	有效磷（mg/kg）	速效钾（mg/kg）
含量水平	中偏下	中偏下	中偏下

八等地农田水利设施不完善，灌溉条件较差。改良利用措施为：一是结合水资源特点，兴修农田水利，提高自然降水利用率，发展节水灌溉，提高灌溉保障能力。二是发展旱作农业技术，推广春膜秋覆、起垄种植等旱作蓄水积水技术，种植耐瘠抗旱作物和品种。三是平衡施肥和矫正施肥，提高土壤养分含量，平衡养分结构。四是在坡度较大的耕地进行梯田改造，增加土层厚度，防止水土流失。

9. 九等地 九等地耕地面积为 428 785.57 亩，占全市总耕地面积的 4.27%。其中旱地 425 874.13 亩，水浇地 2 911.44 亩，分别占九等地总面积的 99.32%、0.68%，见表5-26。

表5-26 九等地各利用类型面积

利用类型	评价单元（个）	面积（亩）	占耕地总面积（%）	占九等地面积（%）
旱地	20 240	425 874.13	4.24	99.32
水浇地	225	2 911.44	0.03	0.68
总计	20 465	428 785.57	4.27	100.00

九等地土壤类型以酸性粗骨土为主，兼有潮褐土、潮棕壤、典型滨海盐土、滨海潮滩盐土、典型潮土、典型褐土、典型砂姜黑土、淋溶褐土、典型棕壤、石灰性褐土、中性粗骨土、钙质粗骨土、盐化潮土和棕壤性土分布。土壤耕层质地主要为砾质砂，兼有轻壤、中壤、砂土、砾质壤和砂壤分布。质地构型主要为通体壤，兼有薄层型、夹层型、夹黏型、紧实型、通体砂和上松下紧型分布。地貌类型以低山为主，兼有滨海低地、冲积扇、低丘、高丘、谷地、海滩、河漫滩、平地、平台、缓坡地、中山、微倾斜平地和斜坡地，土层较薄。农田水利设施与灌排条件差。土壤有机质、有效磷和速效钾养分含量均属于中等偏下水平，见表5-27。

表5-27 九等地主要养分含量

项目	有机质（g/kg）	有效磷（mg/kg）	速效钾（mg/kg）
平均值	13.63	47.20	171.00
范围值	1.02~29.65	1.17~335.33	1.00~936.00
含量水平	中偏下	中偏下	中偏下

九等地立地条件和土壤物理条件较差，部分可调整耕地以种植水果、苗木为主。调整种植业结构，因地制宜地发展林果业，实行多种经营。加大荒山治理力度，综合整治山水林田路，整修梯田，营造水土保持林，提高综合控制水土的能力。提倡施用有机无机复合肥，根据作物需肥特点和缺素状况，科学施肥，重视大量元素肥料的施用。

10. 十等地 十等地耕地面积为 348 319.88 亩，占全市总耕地面积的 3.47%。其中旱地 346 842.77 亩，水浇地 1 477.11 亩，分别占十等地总面积的 99.58%、0.42%，见表 5-28。

表 5-28　十等地各利用类型面积

利用类型	评价单元（个）	面积（亩）	占耕地总面积（%）	占十等地面积（%）
旱地	17 667	346 842.77	3.45	99.58
水浇地	162	1 477.11	0.02	0.42
总计	17 829	348 319.88	3.47	100.00

十等地土壤类型以酸性粗骨土为主，兼有潮褐土、潮棕壤、典型滨海盐土、典型潮土、典型褐土、典型棕壤、钙质粗骨土、淋溶褐土、石灰性褐土、中性粗骨土和棕壤性土分布。土壤耕层质地主要为砾质砂，兼有轻壤、中壤、砂土、砾质壤和砂壤分布。质地构型主要为薄层型，兼有夹黏型、紧实型、通体壤、通体砂和上松下紧型分布。地貌类型以低山为主，兼有滨海低地、低丘、高丘、谷地、河漫滩、平地、平台、缓坡地、中山、微倾斜平地和斜坡地，农田水利设施差，耕地灌溉保证率低。土壤有机质、有效磷和速效钾养分含量均属于中等偏下水平，见表 5-29。

表 5-29　十等地主要养分含量

项目	有机质（g/kg）	有效磷（mg/kg）	速效钾（mg/kg）
平均值	12.36	50.37	156.00
范围值	1.01~29.24	1.09~346.49	1.00~852.00
含量水平	中偏下	中偏下	中偏下

十等地立地条件和土壤物理条件较差，土壤肥力低，大部分耕地土层薄，基本靠天吃饭，产量低而不稳。改良利用的重点，一是加强治理和土地开发整理，因地制宜地平整土地，修筑梯田，适当增加土体厚度，有条件的地方可修筑集雨池，拦蓄地面径流，进行集雨补灌。二是调整种植业结构，因地制宜地发展林果业，实行多种经营。三是加大荒山治理力度，综合整治山水林田路，整修梯田，营造水土保持林，提高综合控制水土的能力。四是提倡施用有机无机复合肥，根据作物需肥特点和缺素状况，科学施肥，重视大量元素的肥料施用。

第三节　耕地质量主要性状分析

一、土壤有机质

潍坊市耕地土壤有机质平均值为 15.48g/kg。按县（市、区）统计，青州市的土壤有机质平均含量最低，为 13.05g/kg；寿光市的土壤有机质平均含量最高，为 18.40g/kg。按土壤类型统计分析，分布较广泛的典型潮土土壤有机质平均含量为 14.24g/kg，典型棕壤土壤有机质平均含量为 15.13g/kg，典型砂姜黑土土壤有机质平均含量为 16.24g/kg，典型褐土土壤有机质平均含量为 16.21g/kg，棕壤性土土壤有机质平均含量为 14.31g/kg，

盐化潮土土壤有机质平均含量为 14.14g/kg，石灰性砂姜黑土土壤有机质平均含量为
16.96g/kg，石灰性褐土土壤有机质平均含量为 18.52g/kg，湿潮土土壤有机质平均含量
为 17.32g/kg，淋溶褐土土壤有机质平均含量为 15.22g/kg，褐土性土土壤有机质平均含
量为 14.67g/kg，潮棕壤土壤有机质平均含量为 14.80g/kg，潮褐土土壤有机质平均含量
为 16.58g/kg，滨海潮滩盐土土壤有机质平均含量为 13.16g/kg。

二、土壤 pH

潍坊市耕地土壤 pH 众数为 7.14。按县域分析，诸城市的土壤 pH 众数最低，为
6.17；潍城区的土壤 pH 众数最高，为 7.91。按土壤类型分析，分布较广泛的典型潮土
土壤 pH 众数为 7.07，典型棕壤土壤 pH 众数为 6.24，典型砂姜黑土土壤 pH 众数为
7.62，典型褐土土壤 pH 众数为 7.34，棕壤性土土壤 pH 众数为 6.24，盐化潮土土壤 pH
众数为 7.69，石灰性砂姜黑土土壤 pH 众数为 7.98，石灰性褐土土壤 pH 众数为 7.55，
湿潮土土壤 pH 众数为 7.60，淋溶褐土土壤 pH 众数为 6.96，褐土性土土壤 pH 众数为
6.92，潮棕壤土壤 pH 众数为 6.06，潮褐土土壤 pH 众数为 7.45，滨海潮滩盐土土壤 pH
众数为 8.14。

三、土壤有效磷

潍坊市耕地土壤有效磷平均含量为 53.83mg/kg。按县域统计分析，潍城区的土壤有
效磷平均含量最低，为 33.90mg/kg；安丘市的土壤有效磷平均含量最高，为 87.69mg/
kg。按土壤类型统计分析，分布较广泛的典型潮土土壤有效磷平均含量为 56.47mg/kg，
典型棕壤土壤有效磷平均含量为 55.62mg/kg，典型砂姜黑土土壤有效磷平均含量为
39.40mg/kg，典型褐土土壤有效磷平均含量为 59.19mg/kg，棕壤性土土壤有效磷平均
含量为 55.71mg/kg，盐化潮土土壤有效磷平均含量为 30.93mg/kg，石灰性砂姜黑土土
壤有效磷平均含量为 39.40mg/kg，石灰性褐土土壤有效磷平均含量为 35.72mg/kg，湿
潮土土壤有效磷平均含量为 62.25mg/kg，淋溶褐土土壤有效磷平均含量为 50.38mg/kg，
褐土性土土壤有效磷平均含量为 50.18mg/kg，潮棕壤土壤有效磷平均含量为 65.65mg/
kg，潮褐土土壤有效磷平均含量为 51.16mg/kg，滨海潮盐土土壤有效磷平均含量为
21.60mg/kg。

四、土壤速效钾

潍坊市耕地土壤速效钾的平均值为 198.24mg/kg。按县域统计分析，奎文区的土壤
速效钾平均含量最低，为 129.00mg/kg；寿光市的土壤速效钾平均含量最高，为
308.00mg/kg。按土壤类型统计分析，分布较广泛的典型潮土土壤速效钾平均含量为
182.97mg/kg，典型棕壤土壤速效钾平均含量为 170.77mg/kg，典型砂姜黑土土壤速效
钾平均含量为 178.38mg/kg，典型褐土土壤速效钾平均含量为 235.46mg/kg，棕壤性
土土壤速效钾平均含量为 170.40mg/kg，盐化潮土土壤速效钾平均含量为 191.61mg/kg，
石灰性砂姜黑土土壤速效钾平均含量为 205.25mg/kg，石灰性褐土土壤速效钾平均含量
为 215.50mg/kg，湿潮土土壤速效钾平均含量为 262.41mg/kg，淋溶褐土土壤速效钾平

均含量为173.66mg/kg，褐土性土土壤速效钾平均含量为177.50mg/kg，潮棕壤土壤速效钾平均含量为163.54mg/kg，潮褐土土壤速效钾平均含量为202.19mg/kg，滨海潮盐土土壤速效钾平均含量为220.00mg/kg。

五、灌排能力

潍坊市灌排能力充分满足的耕地面积为266.64万亩，面积占比为26.55%；满足的耕地面积为323.86万亩，面积占比为32.24%；基本满足的耕地面积为50.00万亩，面积占比为5.00%；不满足的耕地面积为363.64万亩，面积占比为36.21%。

六、耕层质地

根据潍坊市耕层质地状况，将耕层质地分为8种，分别为：轻壤489.32万亩、中壤375.84万亩、砂壤16.9万亩、砂土32.97万亩、黏土13.99万亩、重壤4.21万亩、砾质壤18.26万亩、砾质砂52.89万亩。其中，轻壤是潍坊市主要的耕层质地类型，面积占比约为总耕地面积的48.72%。

七、质地构型

根据潍坊市质地构型状况，将质地构型分为7种，分别为：薄层型76.08万亩、夹层型16.48万亩、夹黏型252.44万亩、紧实型26.91万亩、上松下紧型59.44万亩、通体壤571.53万亩、通体砂1.47万亩。其中，通体壤是潍坊市主要的质地构型类型，面积占比约为总耕地面积的56.90%。

八、有效土层厚度

根据潍坊市有效土层厚度的状况，将有效土层厚度分为4个等级，为：≤30cm，面积为28.41万亩；30～60cm，面积为53.16万亩；60～100cm，面积为286.07万亩；≥100cm，面积为636.71万亩。其中，≥100cm等级在潍坊市面积占比最大，为63.39%。

第六章 耕地资源合理利用与改良

耕地是十分宝贵的资源和资产，是人类生存和发展的基础。随着人口的不断增多和耕地的逐渐减少，要保持农业和农村经济可持续发展、保障国家粮食安全和社会和谐稳定，首先要确保耕地的数量和质量。耕地资源合理利用就是根据土壤资源的特点，合理规划，科学施肥，使现有的耕地资源充分发挥作用；耕地资源的改良就是在合理利用的基础上，努力保护耕地资源，改善耕地的生产条件和生态环境，改良中低产田，提高耕地生产能力。通过加强耕地资源管理，实现耕地资源的合理利用，挖掘耕地生产潜力，提高农业综合生产能力，推进农业生态、低碳、可持续发展。

第一节 耕地资源的现状与特征

一、耕地资源的现状

根据 2021 年度国土调查变更数据，潍坊市农用地面积 1 159 735.89hm²，建设用地面积 356 934.05hm²。农用地包括耕地、园地、林地和其他农用地，其中，耕地面积 656 958.31hm²，占农用地面积的 56.65%；园地面积 91 838.36hm²，占农用地面积的 7.92%；林地面积 268 009.61hm²，占农用地面积的 23.11%；其他农用地 142 929.61 hm²，占农用地面积的 12.32%。

（一）耕地土壤类型

全市耕地共分棕壤、褐土、砂姜黑土、潮土和盐土 5 个土类，15 个亚类，34 个土属，106 个土种。棕壤土类主要分布在潍坊南部的诸城市及临朐县的东南部，在中部的安丘市和昌乐县也有一定的面积分布。棕壤耕地面积 131 906.29hm²，占总耕地面积的 19.70%。潮土土类是潍坊市第二大土壤类型，在全市广泛分布，其中，昌邑市、寿光市、寒亭区、诸城市、高密市、安丘市和青州市分布面积较大。潮土耕地面积 185 326.60hm²，占耕地总面积的 27.68%。褐土土类是潍坊市面积最大的土壤类型，在全市各县市区均有分布，主要分布在潍坊市的中部和西部，即安丘市、昌乐县、潍城区、诸城市的北部、寒亭区和昌邑市的南部、青州市和临朐县的山地丘陵及岗前倾斜平原。褐土耕地面积 244 813.03 hm²，占耕地总面积的 36.56%。砂姜黑土土类主要分布在潍坊市的高密市、寿光市、昌邑市、安丘市和诸城市、青州市、寒亭区。砂姜黑土耕地面积 93 735.42hm²，占耕地总面积的 14.00%。盐土土类主要分布在寿光市、昌邑市和寒亭区的北部，盐土土类耕地面积 13 793.86hm²，占耕地总面积的 2.06%。不同土壤类型耕地面积见表 6-1。

表 6-1　不同土壤类型耕地面积

耕地土壤类型	棕壤	潮土	褐土	盐土	砂姜黑土
耕地面积（hm²）	131 906.29	185 326.60	244 813.03	13 793.86	93 735.42
占耕地总面积（%）	19.70%	27.68%	36.56%	2.06%	14.00%

（二）耕地养分状况

潍坊市耕地土壤养分总体状况是：有机质含量中等；大量元素含量中等偏上；微量元素中的锌、硼、钼含量中等，铜、铁、锰含量较丰富；中量元素中钙、镁含量中等，硫含量较低。生产中应注意协调氮、磷、钾比例，增施硫酸钾型复合肥料。全市耕地土壤养分含量见表 6-2。

表 6-2　潍坊市耕地土壤养分含量

养分名称	平均值	变幅
有机质（g/kg）	15.5	3.5～37.7
全氮（g/kg）	1.04	0.11～2.99
碱解氮（mg/kg）	92.9	10.8～389.6
有效磷（mg/kg）	53.8	4.3～540.0
速效钾（mg/kg）	198.2	33.0～1 388.0
缓效钾（mg/kg）	632.2	136.0～1 793.0
pH	7.1	4.1～9.7
有效锌（mg/kg）	2.48	0.18～32.14
有效硼（mg/kg）	0.67	0.06～3.49
有效锰（mg/kg）	19.9	2.1～139.8
有效钼（mg/kg）	0.22	0.01～1.52
有效铜（mg/kg）	1.83	0.20～19.66
有效铁（mg/kg）	24.3	2.3～129.7
交换性钙（mg/kg）	4 180.1	256.9～20 000.0
交换性镁（mg/kg）	411.2	80.0～1 758.8
有效硫（mg/kg）	51.4	2.5～766.3

二、耕地利用特点

（一）粮田种植模式单一，灌溉保证率差异较大

粮田主要的利用方式是小麦、玉米一年两熟制。小麦常年种植面积 31 万 hm² 左右，约占粮田面积的 46.3%；玉米常年种植面积 33 万 hm² 左右，约占粮田面积的 49.3%。中部平原区水利设施健全，地下水较充足，基本能保证农业灌溉用水；北部部分盐碱区及南部山地丘陵区地下水资源不足，蓄水设施不够完善，基本靠自然降水浇灌，遇到干旱年份，粮田灌溉基本无保障。

（二） 蔬菜种植面积大， 肥料投入高

近年来，潍坊市瓜菜栽培面积不断扩大，截至 2020 年，全市蔬菜面积达到 24.19 万 hm²。

1. 设施栽培面积大、品种全　全市共有设施栽培蔬菜 17.47 万 hm²，占蔬菜面积的 72.22%。其中，日光温室蔬菜栽培面积 6.23 万 hm²，大、中拱棚蔬菜栽培面积 6.73 万 hm²，小拱棚蔬菜栽培面积 4.38 万 hm²，连栋温室面积 0.13 万 hm²。设施栽培蔬菜主要集中在寿光市、青州市、安丘市及昌乐县，其他县市区均有分布。寿光市及青州市的北部主要种植番茄、茄子等茄果类，椒类、黄瓜等瓜类及芹菜、茼蒿等叶菜类蔬菜；昌乐县主要种植西瓜，是著名的西瓜之乡；青州市沿弥河两岸种植的银瓜，是潍坊的名优特品种。

2. 露地蔬菜栽培面积大、产量高，施肥量也偏高　潍坊是全国最主要的蔬菜出口基地，露地蔬菜播种面积达 6.72 万 hm²，占蔬菜面积的 27.78%，主要分布在诸城、安丘、高密、青州、昌邑等县市区。诸城市的面积最大，为 1.51 万 hm²；其次是安丘市，面积为 1.50 万 hm²；高密市的面积为 0.69 万 hm²；昌乐县的面积为 0.65 万 hm²；临朐县、昌邑市的种植面积均为 0.43 万 hm²。其他县市区也有成片种植，但面积较小。主要种植品种有生姜、大葱、大蒜、马铃薯、韭菜及胡萝卜等。生姜种植主要集中在安丘、昌邑、诸城、寒亭及青州；大葱、大蒜主要在安丘、高密和诸城三市种植；马铃薯主要分布在昌邑、安丘、高密及寒亭；韭菜主要在寿光、青州、高密种植；潍县青萝卜主要在潍城、寒亭等地种植；胡萝卜主要在青州、寿光、昌邑等地种植；山药、菠菜等其他品种在全市零星分布。近年来随着蔬菜产业收益提高，受利益驱使，农民在蔬菜上投入的肥料成本也较高。

（三） 耕地复种指数高，用地养地矛盾突出

全市粮田的种植制度主要为小麦、玉米一年两作，蔬菜地除生姜等作物一年一作外，其他品种多为一年两作或一年多作，综合复种指数达到 147.20%。土壤长期得不到有效的休闲和养护，部分耕地出现土壤板结、连作障碍及次生盐渍化等退化现象。

第二节　耕地改良措施与效果

为持续保持潍坊市农业发展的优势地位，市委、市政府十分重视耕地质量提升工作，把耕地质量提升作为农业转方式、调结构的重要措施来抓，市农业农村局每年都以下发文件和召开现场会等方式推广耕地质量提升技术，加快推进耕地质量提高进程，耕地质量水平持续提升。

一、耕地障碍因素分析

通过野外调查、取样和室内化验及统计分析认为，当前影响潍坊市农业生产发展的耕地主要障碍因素有干旱、盐碱、耕层薄、质地黏重、障碍层和养分不平衡等问题。

（一） 干旱

在季风气候的影响下，降水分布极不均衡，一年中降水多集中在夏季，而春旱、晚秋及冬旱较为严重，季节性干旱对农作物生长极为不利。从水利资源看，存在整体水源不足的问题。全市地下水中部较丰富，以井灌为主；南部丘陵地区地下水源严重缺乏，灌溉保证率低；北部部分盐碱地淡水资源匮乏，灌溉保证率极低，遇到干旱年份，灌水不足，减产严重。干旱是当前影响农业生产的主要因素。

（二）盐碱

盐碱地主要分布在寿光、昌邑和寒亭的北部，这部分耕地表层土壤中含有过多的可溶性盐分，致使作物生长不良。通过多年的综合改良，土壤含盐量逐年降低，土壤理化性状逐步改善。但若连续干旱，土壤盐分就会逐渐积累，因此，该区域的农业生产力极不稳定。

（三）土层薄

南部丘陵区的耕地耕层浅、砂砾多、土体薄，土体厚度多在 70cm 左右，局部小于 50cm，造成土壤保肥保水能力差，土壤养分含量普遍较低，作物生长受到较大限制，生产能力普遍降低。

（四）质地黏重

部分耕地质地黏重，表土或通体为黏质土（包括重壤和黏土），或表土以下有厚黏心，多为砂姜黑土。这类耕地质地黏重，透性差，呈季节性积水，土性冷，供肥迟缓，保肥性好，发老苗不发小苗，湿黏干硬，不易耕作。旱则裂缝、伤根跑墒、土壤黏重板结、扎根受阻，涝则排水不畅、积水严重、无法耕作。

（五）土体有障碍层次

土体中有砂、黏、砂姜、犁底层，会影响土体水分和土壤养分的运动。河流两岸耕地主要存在表层砂质、砂壤质或有夹砂层等障碍层；砂姜黑土则存在土壤质地黏重，且有砂姜层等障碍。大部分耕地都有犁底隔层。以上障碍都会阻碍土壤水肥运行，影响作物正常生长发育。

（六）养分不平衡

这部分耕地主要表现为养分过多或过少，养分相差悬殊。具体表现为蔬菜地土壤养分整体较高，部分耕地养分过剩；部分粮田、棉田及花生田的养分又相对较低。

二、土壤改良的措施与效果

（一）改善农田基础设施

结合高标准粮田建设等项目，对原有机井进行维修维护，提高水源保证率，缩短轮灌周期，增加灌溉面积。在蔬菜生产区推广喷灌、滴灌、膜下微喷等节水灌溉方式和"水肥一体化"节水节肥增效技术，截至 2021 年，全市推广"水肥一体化"技术面积 8 万 hm²，平均每亩节本增效 500 元以上，极大地提高了水肥利用效率。

（二）培肥地力

1. 增施有机肥料，提高土壤有机质　土壤有机质含量是土壤肥力的重要标志之一，培育高肥力土壤的中心问题就是提高土壤有机质含量。近年来，通过实施有机肥替代化肥及绿色种养循环农业试点项目，有机肥施用量逐年增加，但由于粮食作物基本不施用有机肥及设施土壤有机质矿化率较高等原因，全市土壤有机质含量增长缓慢，不能满足农作物生长和培肥地力的需要。增施有机肥是提升耕地质量的主要措施，但目前，有机肥料的积制和施用仍然未引起高度重视，下一步要广辟有机肥源，推广科学的有机肥料积制技术，全面增加有机肥的积造数量和质量，增加有机肥还田数量，加快提升耕地质量。主要途径有：一是加快发展畜牧业，提高过腹还田数量。二是加快发展农村沼气，在解决农村能源的同时，实施沼渣还田；三是推广科学积造有机肥技术。推广畜禽粪便高效积造技术，提高堆肥质量；推广工厂化利用技术，提高人畜粪尿的利用率。

2. 实施作物秸秆还田，提升耕地质量　作物秸秆中富含有机质和氮磷钾等养分，实施秸秆还田，可活化土壤耕层，促进好气性微生物活动。实践证明，秸秆还田是粮田培肥地力、增加土壤有机质的有效手段之一。随着机械化水平的提高，目前除去山地丘陵小麦种植区外，全市平原区小麦秸秆基本达到全部还田。据统计，秸秆还田土壤较不还田土壤的有机质平均提高 $1.5\sim2.0g/kg$。另外，还可在土壤休闲期种植苜蓿等豆科绿肥植物，绿肥还田，可增加土壤中的营养物质，实现改土培肥目标。

（三）推广配方施肥，协调土壤养分

2015 年以来，结合化肥减量增效项目的实施，开展了化肥减量增效技术宣传、培训和推广。重点推广测土配方施肥、调整施肥结构、加快施肥方式变革及有机肥替代化肥。一是推广测土配方施肥技术。立足土壤养分状况，因缺补缺，协调施肥配比，改进施肥技术。高产田在稳氮增磷的基础上，注重钾肥和微肥的施用；中低产田注重土壤增氮、增磷，补钾微；南部丘陵区耕地水土流失较严重，土壤表层质地粗，通气性大，养分分解快，积累少，易发生脱肥现象，坚持推广多次施肥技术，基肥注重氮磷钾平衡施用，追肥重点补施氮钾肥。二是调整施肥结构。坚持有机无机相结合，氮、磷、钾与微肥相配合的施肥原则。以有机肥为基础，推广应用测土配方施肥技术。三是改变施肥方式。在施用方法上改地面撒施为沟施或穴施，改浅施为适当深施，改肥料冲施为水肥一体化，改普通复合肥为缓控释肥；漏肥地块要改一次施肥为少量多次施肥。四是结合有机肥替代化肥和绿色种养循环农业试验项目，大力推广有机肥替代化肥技术。

利用施肥情况调查、田间试验结果和土壤养分化验数据，建立了小麦、玉米、花生、棉花、马铃薯、果树、蔬菜等 10 多种农作物施肥指标体系，提高了施肥的针对性，降低了施肥数量，化肥减量增效技术覆盖率逐年提高。

（四）推广深耕技术，提升地力水平

耕层土壤连年旋耕导致了耕层浅、土壤板结、犁底层变浅、作物营养失衡等土壤退化现象，推广深耕深翻技术是改变土壤退化问题的有效措施。深耕深淞可以有效改良耕层土壤：一是深耕可破除犁底层，改善土壤孔隙状况，加厚熟土层，创造较好的土体构造，使土壤松紧适当。二是深耕结合增施有机肥，可增加土壤团粒结构，土壤团粒结构和孔隙状况的改善，能够增加土壤空气、水分、养分和热能的贮量，并能增进团粒的水稳性，增强土壤水肥气热协调能力，提高土壤肥力。三是深耕可增强土壤透水和蓄水性，土壤饱和含水量随耕作深度的增加而增加。四是深耕可提高土壤养分利用效率。深耕增加了土壤微生物的繁殖能力，土壤微生物活跃，土壤养分的有效化随之加强。深耕后土壤剖面下层微生物明显增加，有利于增强土壤有机质的腐殖化、矿化和土壤养分的有效化，加速了土壤熟化。深耕还可以消灭杂草及虫卵，减少虫源基数。

建议粮田隔年深耕，蔬菜地每年深耕一次，通过深耕，使耕作层深度达到 $25cm$ 左右。

（五） 改良设施土壤，确保设施农业持续发展

潍坊市设施栽培瓜菜面积大，区域化栽培种类相对单一，多年连作及肥水管理不合理等原因，造成了设施耕地土壤退化，土壤退化对设施农业的持续发展造成了不利影响。为改变这一状况，对已发生土壤障碍及设施年限在 5 年以上的耕地开展了土壤改良试验示范，并示范推广了设施退化土壤综合改良和防控技术，取得了良好的改良利用效果。

（六） 合理耕作制度，减少连作障碍

根据作物不同的生物学特点进行合理轮作，大力推广粮菜间作、禾本科与非禾本科作物轮作，葱、韭、蒜与葫芦科或茄科作物轮作，浅根作物与深根作物轮作，增加土壤有益生物，减少土壤连作障碍。

三、用地养地结合，提高耕地质量

为解决用地养地日益突出的矛盾，近年来，潍坊市以"充分用地、积极养地、用养结合"为耕地利用原则，采用增施有机肥和有机无机相结合等措施，保护和提高耕地质量水平，作物产量逐年增加，产品质量明显提高。

（一） 有机肥与无机肥配合施用

有机肥料富含有机质，有利于改良土壤理化性状和生物性质，增强土壤生物活性，促进土壤养分有效化。而无机肥（化肥）是一种速效性肥料，若长期及大量不合理施用会引起土壤有机质含量降低、土壤板结和盐渍化，氯化铵、硫酸铵等酸性肥料大量使用会导致土壤酸化问题发生。过量使用化肥，耕地会出现土壤板结、养分失衡、土传病害加重等退化问题。因此，生产中要做到有机与无机结合、大中微量元素配合，科学合理施用肥料，提高肥料利用率，减轻肥料对环境的不利影响。

（二） 合理作物布局，实施用养结合

利用植物残体培养地力或改良土壤是提高耕地质量的主要措施之一。如豆类作物是养地作物，具有固氮能力；禾本科作物具有固碳能力；油料作物通过家畜返还耕地，为少取多还作物。从有机质和营养元素总返还率来看，粮食类作物有机质为半取半还，钾为少取多还，氮磷为多取少还；大豆等豆科作物有机质为少取多还，磷钾为多取少还，氮为少取多还。通过合理的作物布局和轮作倒茬，把用养特点不同的作物合理搭配，做到种中有养，用养结合，提高土地利用率。

四、改造中低产田，提高耕地生产率

潍坊市耕地后备资源严重不足，因此，改造中低产田是提高农业增产潜力的主要措施。经本次评价，潍坊市现有中产田 319.17 万亩（四至六等地），占耕地总面积的31.78%；低产田 223.74 万亩（七至十等地），占耕地总面积的 22.28%。采用适宜的改良措施对中低产耕地进行合理改造提升，将中产田改造为高产田、低产田改造为中产田，逐步提高耕地质量，增加耕地产出率，将是今后一个时期耕地质量管理的重点。

（一） 积极争取政策倾斜，增加农业投入

加强中低产田改造，需要大量的资金支持。近年来，国家不断出台粮食直补、良种补贴、农机具补贴等一系列强农惠农政策，极大提高了农民种植积极性。潍坊市也积极响应国家政策，资金投入上向农业倾斜，多方筹集资金用于土壤改良等耕地质量提升技术推广，从而改善了农业生产条件，优化了农田生态环境。

（二） 增施有机肥料，平衡施肥，培肥地力

潍坊市在中低产田耕地利用上仍然存在重利用、轻培肥，重化肥、轻有机肥的现象。在粮田上有机肥投入量严重不足，投入的化肥又以氮磷钾肥为主，因此，部分粮田上存在土壤养分失衡、耕地肥力下降的现象。要持续提高中低产田耕地的基础地力，为农作物稳产、增产创造条件，必须重视有机肥的施用，做到有机无机肥合理配合，氮磷钾和中微量元素肥料平衡施用，全面提升地力，实现中低产田耕地的改良提升和永续利用。

（三） 加强农田水利设施建设，改善灌排条件

灌排条件与耕地的基础地力密切相关。实现自然降水的空间聚集，推广节水灌溉技术，能改善区域农田的土壤水分状况，扩大灌溉面积。南部山地丘陵区着重增加水库塘坝蓄水灌溉能力，完善现有水库塘坝的配套改造，健全排灌系统，整平土地，科学用水，使有限水源发挥更大效益。中部平原区地下水质良好，水源丰富，健全灌溉工程，改善灌区输水、配水设备，加强灌溉作业管理，改进地面灌溉技术，发展喷灌、滴灌及膜下微喷等先进灌溉技术，提高引灌水的利用率。北部盐碱地充分利用大、中、小型蓄水池、塘等蓄水体系，人工富集天然降水，拦截径流，在作物需水的关键时期进行灌溉。

五、发挥区位优势、大力发展生态农业

在潍坊现有农业资源和产业发展优势下，根据农业发展的特点，在产业优化、产品优质思路指导下，以农业绿色发展、农业收入增加为目标，通过农业结构再调整，突出地方产业特色，实现产业升级。利用先进的科学技术和生态优先的农业生产理念，不断优化农业内部结构，促进高效、生态农业快速发展。

以科技为支撑，全面提高农产品品质。加大对农产品生产及加工企业自主创新发展的支持力度，拓展品牌产品功能作用，促进产品更新换代，构建良好的品牌运营机制。初步建成了品牌引领、示范带动、全面发展的高效农业生产新格局。

第三节 耕地资源合理利用对策

合理利用耕地资源是农业可持续发展的基础，通过分析全市耕地资源现状与特征，针对不同等级耕地地力，充分考虑农业生产的地域性，将障碍因素相近，改良措施相似，利用方向一致的耕地划为一类，并适当保持地域上集中、连片，以便于统筹规划，合理安排，将全市耕地划为五大农业生产利用区域，即潍南粮油果种植区、潍东高产粮食种植区、潍中粮菜果种植区、潍西设施农业种植区、潍北粮棉种植区，并针对每个区域特点及耕地养分状况进行了详细分析，提出了耕地合理利用对策。

一、潍南粮油果种植区

（一） 耕地资源概况

该区主要包括临朐县及青州、诸城、安丘、昌乐等市县的南部，主要有诸城市的密州

街道、林家村镇、皇华镇、桃林镇及枳沟镇 5 个镇街；青州市的王府街道、云门山街道、弥河镇、王坟镇、庙子镇、邵庄镇、文化产业园及云驼风景区 8 个镇街；安丘市的柘山镇、吾山镇、大盛镇、辉渠镇及石埠子镇 5 个镇；昌乐县的红河镇、鄌郚镇、乔官镇及营丘镇 4 个镇。粮食作物以小麦、玉米为主，油料作物以花生为主，果树以干果为主，主要有板栗、核桃、山楂和柿子等。土壤类型主要有棕壤、淋溶褐土、潮褐土和砂姜黑土。土壤 pH 众数为 6.81，有机质平均含量为 14.53g/kg、全氮为 0.91g/kg、碱解氮为 96.43mg/kg、有效磷为 70.13mg/kg、速效钾为 213.88mg/kg、有效硫为 52.56mg/kg、有效锌为 1.77mg/kg、有效硼为 0.50mg/kg、有效铜为 1.91mg/kg、有效铁为 32.4mg/kg、有效钼为 0.18mg/kg、有效锰为 23.56mg/kg、交换性钙为 4 498.4mg/kg、交换性镁为 423.5mg/kg。

该区的养分含量特点是土壤有机质、全氮、碱解氮、速效钾、有效锌含量中等；有效磷、有效硫、有效硼、有效钼含量偏低；有效铜、有效铁、有效锰含量较高；中量元素含量中等。大量元素和中量元素基本不缺，微量元素含量不均衡，是潍坊市的少硫缺硼缺钼区。

该区多为丘岭坡地、沟谷梯田和坡麓梯田，地形部位较高，地块小而分散，坡度大，水土流失严重，土壤瘠薄，保水蓄水能力差；水源无保障，水利设施较差，主要靠降雨囤水浇灌；机械化程度低，耕作比较困难，是潍坊市的旱作粮食、干鲜果品生产区。其耕地地力水平较低，产量低而不稳。土壤改良主攻方向是通过工程、生物、农艺、化学等综合措施，消除或降低影响农业产量的各种障碍因素，提高耕地基础地力。

（二）改良利用对策

1. 加强农田基础设施建设　新建、改造水利工程，保障水源，提高灌溉保证率。积极争取中央和地方财政支持，加大农田基础设施投入，对原有蓄水、输水等设施进行加固、整修；修筑田埂、坝沟，防止水土流失；在有水源的地方建造蓄水、囤水设施，缓解农田旱情。

2. 推广测土配方施肥技术　增施含磷较高的硫酸钾型复合肥和含硼、钼的微量元素肥料，平衡土壤养分，培肥地力。针对该区磷素缺乏、微量元素含量低的情况，结合化肥减量增效项目，安排土壤养分监测点，根据监测结果，提出施肥配方，做到缺啥补啥。

3. 增施有机肥料　山地丘陵土壤瘠薄，稳定性差，通过增施有机肥或秸秆还田等技术措施，增加土壤有机质，改善土壤团粒结构，增强其稳定性，提高土壤的保肥保水能力。

4. 推广有机旱作农业生产技术　该区季节性干旱严重，地下水源贫乏，但降雨相对较多，夏季高温多雨。粮食生产以小麦、玉米、甘薯、杂粮等抗旱作物为主，同时应发挥花生、黄烟等经济作物及柿子、核桃、桃子等干鲜果品区位优势，提高农民经济效益。该区工矿企业少，土壤基本未受污染，应充分利用当地原生态自然生产条件，建立有机农业示范园区。临朐南部宜发展早熟大樱桃、苹果，安丘、诸城南部宜发展花生、黄烟、苹果，青州西南部宜发展谷子、高粱等有机小杂粮及桃子。通过调整种植结构，标准化生产，规模化经营，区域化管理，变荒山为金岭，提高该区的经济、社会和生态效益。

二、潍东粮食高产区

（一）耕地资源概况

该区包括高密市，诸城市的北部及昌邑市的南部。主要有诸城市的龙都街道、舜王街道、贾悦镇、石桥子镇、相州镇、昌城镇、百尺河镇和辛兴镇8个镇街；昌邑市的饮马镇、围子街道、都昌街道、奎聚街道和北孟镇5个镇街。粮食作物以小麦、玉米一年两季为主，经济作物主要种植生姜等，果树主要种植苹果、梨、杏、桃等。该区土壤类型以潮土、褐土和砂姜黑土为主，有部分棕壤，是潍坊市粮食高产、稳产区。土壤pH众数为6.9，有机质平均含量为15.9g/kg、全氮1.04g/kg、碱解氮为91.1mg/kg、有效磷为49.1mg/kg、速效钾为158.1mg/kg、有效硫为39.4mg/kg、有效锌为1.58mg/kg、有效硼为0.61mg/kg、有效铜为1.73mg/kg、有效铁为31.0mg/kg、有效钼为0.28mg/kg、有效锰为29.7mg/kg、交换性钙为3 888.0mg/kg、交换性镁为408.3mg/kg。

土壤养分含量特点是有机质含量中等偏上，大部分速效养分含量中等，微量元素中的有效硼、有效铜含量偏低，有效铁、有效锰含量较高；中量元素含量中等。

该区地势平坦，大部分土壤土层深厚，土层结构较好，通透性好，保水保肥。粮食种植方式以小麦—玉米一年两作为主，粮田复种指数较高，单产高；大田蔬菜作物以生姜、马铃薯为主，另有白菜、甘蓝、菠菜、萝卜等露天菜地零星分布。

（二）改良利用对策

1. 加大农田基础设施保护力度　该区农田基础设施良好，针对部分常年失修的水利设施，需要组织机械、人力对灌溉井、输水渠、田埂、坝头进行维护，确保浇灌面积和保证率。

2. 深耕和旋耕结合　由于耕层土壤连续多年旋耕导致耕层变浅，犁底层加厚变硬，耕层土壤量减少，土壤的保肥保水性能下降，因此，应每2～3年开展一次25cm以上机械深耕，增加和疏松活土层。同时，要增施有机肥，实施秸秆还田，改良土壤性状，预防耕层土壤退化。

3. 推广测土配方施肥技术　按照有机与无机、大量元素与中微量元素配合的施肥原则，推广应用测土配方施肥技术，力争做到缺什么补什么、缺多少补多少，平衡土壤养分，提高化肥利用率。

4. 增施有机肥及生物菌肥　该区域复种指数高，养分消耗极大，有机肥用量少，土壤易板结，要增施有机肥和生物菌肥，提高土壤有机质含量，创造良好的土壤微生物环境，增强土壤活性，提高土壤肥力水平。同时，要结合绿色种养循环农业试点项目，加大有机肥料推广力度，增加有机肥用量。

5. 积极推广小麦精播、半精播、小麦氮肥后移、玉米"一增四改"、玉米适时晚收等高产高效栽培技术　实施区域化管理，逐步建成粮、菜优质高产区。

三、潍北粮棉种植区

（一）耕地资源概况

该区包括寿光市、昌邑市及寒亭区的北部，主要有寿光市的羊口镇、台头镇、营里镇和侯镇 4 个乡镇；昌邑市的卜庄镇、柳疃镇和龙池镇 3 个乡镇；潍坊市寒亭区的固堤街道、高里街道及潍坊市滨海经济开发区和潍北农场等地。土壤类型主要为潮土和盐土，是潍坊市粮食增产潜力区、棉花集中种植区。土壤 pH 众数为 7.6，有机质平均含量为 15.2g/kg，全氮为 1.04g/kg、碱解氮为 88.0mg/kg、有效磷为 53.3mg/kg、速效钾为 226.5mg/kg、有效硫为 66.1mg/kg、有效锌为 3.32mg/kg、有效硼为 0.74mg/kg、有效铜为 2.19mg/kg、有效铁为 20.72mg/kg、有效钼为 0.21mg/kg、有效锰为 16.0mg/kg、交换性钙为 4 849.3mg/kg、交换性镁为 441.0mg/kg。

土壤养分含量特点：除速效钾外的速效养分含量普遍较低，中、微量元素含量中等偏上。

该种植区部分粮田土层深厚，地势平坦，但土壤物理性状差，部分土壤有浅位黏土层或沙漏层等不良性状，是潍坊市中、低产田重点改造区。该区适宜种植棉田等抗盐碱作物，但因棉花种植收益降低，棉花面积逐年减少，目前，以小麦、玉米轮作为主。土壤 pH 较高，部分耕地受盐碱威胁较大，土壤黏、盐、旱、薄是阻碍农业生产发展的主要因素。

（二）改良利用对策

1. 推广作物秸秆直接还田和覆盖还田，增加土壤养分含量 在水源较好区域推广作物秸秆直接还田，省工省力。在淡水缺乏地区，将秸秆粉碎，覆盖于田间，有效保墒，在后茬作物播种前耕地时耕翻入土壤，提高土壤蓄水保墒能力，调节土壤温度，改善土壤结构。

2. 加强田间基础设施建设 有条件的地方多打机井，增加有效灌溉面积。加强田间水利工程管理，合理利用有限的水资源，适期推广淡水压盐技术，改良盐碱地，提高耕地质量。

3. 推广测土配方施肥技术 协调氮磷钾养分，补施微肥，提高肥料利用率。推广应用配方肥料，平衡土壤养分。

4. 用地养地结合 实行粮食作物、经济作物及绿肥间轮作换茬，用地与养地相结合，增加土壤有机质，改良土壤性状，培肥地力。

5. 示范推广盐碱地改良技术 在实施土地进行整理和复垦开发项目时，实施挖沟台田压盐、蓄淡压盐等措施，改良土壤，提高耕地质量。

四、潍西设施瓜菜种植区

（一）耕地资源概况

该区包括寿光市的南部、青州市和昌乐县的北部，主要有寿光市的圣城街道、文家街道、洛城街道、古城街道、孙家集街道、稻田镇、上口镇、田柳镇、化龙镇和纪台镇 10 个镇街；青州市的益都街道、高柳镇、何官镇、东夏镇、谭坊镇、黄楼街道和经济开发区 7 个镇街区；昌乐县的开发区、朱刘街道、宝城街道、城关街道、五图街道和城南街道 6 个镇街区。寿光市的设施农业以蔬菜为主，青州市以银瓜、甜瓜及蔬菜为主，昌乐县以西瓜为主，三县市作物布局合理、优势互补，设施农业生产的区位优势明显。该区土壤类型主要为褐土、潮土，少部分为砂姜黑土。土壤 pH 众数为 7.2，有机质平均含量为 15.9g/kg，全氮为 1.02g/kg、碱解氮为 102.8mg/kg、有效磷为 62.1mg/kg、速效钾为 228.3mg/kg、有效硫为 47.0mg/kg、有效锌为 2.60mg/kg、有效硼为 0.51mg/kg、有效铜为 1.83mg/kg、有效铁为 29.4mg/kg、有效钼为 0.14mg/kg、有效锰为 20.8mg/kg、交换性钙为 4 184.6mg/kg、交换性镁为 393.7mg/kg。

土壤养分含量特点：有机质及速效养分含量普遍丰富，微量元素含量较高，中量元素含量中等偏上，是养分丰富区。

该种植区地势平坦，农田基础设施良好，灌溉条件好，绝大部分土壤熟化程度高，土壤保水保肥性能好，是潍坊市的设施瓜菜集中种植区。由于设施栽培封闭的环境及栽培管理上的高复种指数、高施肥量、高灌水量以及连作重茬，重化肥、轻有机肥，特别是高有机质含量的有机肥料投入量相对不足，都会引起土壤养分失衡、土壤板结、盐分积累和土传病害加重等土壤退化现象，设施土壤退化已成为该区农业生产的限制因素。

（二）改良利用对策

1. 普及测土配方施肥技术　按作物需肥规律采用"以需定量、少量多次"的施肥方法，协调土壤有机质、大量元素及中微量元素养分，提高化肥利用率。

2. 推广水肥一体化　在该区日光温室和塑料大棚中，根据地块面积、形状等规划设计和配置微灌和施肥系统设备，按照作物及其生长条件制定合理的灌溉和施肥制度，定量、定时将肥料随水均匀、准确地直接输送到作物根系周边的土壤表面或土层中，精确控制灌水量和施肥量，显著提高水肥利用率。

3. 实施轮作倒茬和隔年深耕　日光温室蔬菜连年重茬种植现象较普遍，通过不同科属蔬菜 2～3 年的间隔期进行轮作倒茬和隔年深耕措施，充分发挥土壤养分的释放能力，减少养分过度消耗或富集，预防土壤板结，并减少土传病虫害。

4. 增施有机肥料及微生物菌肥　增施有机肥料特别是高有机质含量的有机肥料，增加土壤团粒结构，改善土壤通透性，有效防止土壤板结。施用微生物肥料调节根际微生物菌群，促进根系发育，增加养分吸收，提高肥料利用率，减少次生盐渍化的发生。

5. 推行作物秸秆堆沤还田　该区瓜菜面积大，瓜菜收获后蔬菜秸秆的不合理处置，不仅污染环境，阻碍交通，影响泄洪，还造成病虫源的再次污染。堆沤还田不仅消化了秸秆，而且可以增加土壤养分，改良土壤。

五、潍中粮菜种植区

（一）耕地资源概况

该区包括潍城区、奎文区、坊子区及安丘市的北部、寒亭区的南部。安丘市主要有兴安街道、新安街道、景芝镇、凌河镇、石堆镇、金冢子镇、官庄镇、大汶河开发区和经济开发区 9 个镇街区；寒亭区主要有朱里街道、寒亭街道、开元街道和潍坊经济开发区 4 个镇街区。该区土壤类型主要为褐土、潮土、棕壤，还有少部分砂姜黑土。土壤 pH 众数为 7.3，有机质平均含量为 15.8g/kg，碱解氮为 82.4mg/kg、有效磷为 37.5mg/kg、速效钾为 155.8mg/kg、有效硫为 39.3mg/kg、有效锌为 2.60mg/kg、有效硼为 0.75mg/kg、有效铜为 1.29mg/kg、有效铁为 20.4mg/kg、有效钼为 0.26mg/kg、有效锰为 17.3mg/kg、交换性钙为 3 232.1mg/kg、交换性镁为 367.9mg/kg。

土壤养分含量特点：有机质及速效养分含量中等，微量元素含量不均衡，交换性钙镁含量中等，有效硫含量较低，有效锌含量较高。

该种植区地势较平坦，农田基础设施良好，水浇条件好，绝大部分土壤熟化程度较好，土壤保水保肥性能较好，是潍坊市露地蔬菜集中种植区。露天菜地栽植品种主要有葱、姜、蒜，白菜、韭菜、甘蓝、菠菜有零星分布；粮食生产区域也相对集中。由于露天菜在栽培管理上的高集约化，用养结合差，造成了各种养分不协调，现已成为该区农业生产的限制因素。

（二）改良利用对策

1. 普及测土配方施肥技术　协调氮磷钾养分，补施中量元素肥料，平衡微量元素，加快推广施用配方肥，平衡土壤养分，提高肥料利用率。

2. 加大有机肥投入量，改善土壤结构　在蔬菜上增施有机肥料，减少化肥用量，增加土壤团粒结构，提高土壤保肥供肥性能。

3. 深耕和旋耕结合　在粮食种植区深耕和旋耕相结合，每2～3年要深耕一次，增加耕层厚度，同时，要结合机收实施秸秆还田，增加土壤有机质含量，改良土壤，有效预防土壤退化。

4. 加强轮作换茬，减少土传病害　在蔬菜的不同科属间或蔬菜同粮食作物间进行轮作换茬，改变土壤微环境，有效地降低土传病害的传播。

图书在版编目（CIP）数据

潍坊市耕地质量调查与评价／张西森，侯月玲，张晓丽主编．—北京：中国农业出版社，2023.10
ISBN 978-7-109-31185-5

Ⅰ.①潍…　Ⅱ.①张…　②侯…　③张…　Ⅲ.①耕地资源－资源评价－潍坊　Ⅳ.①F323.211

中国国家版本馆 CIP 数据核字（2023）第 189857 号

中国农业出版社出版

地址：北京市朝阳区麦子店街 18 号楼
邮编：100125
策划编辑：贺志清
责任编辑：史佳丽　贺志清
版式设计：王　晨　　责任校对：吴丽婷
印刷：北京通州皇家印刷厂
版次：2023 年 10 月第 1 版
印次：2023 年 10 月北京第 1 次印刷
发行：新华书店北京发行所
开本：787mm×1092mm　1/16
印张：9.5
字数：225 千字
定价：68.00 元